Tatjana Geßler war schon als Kind eine große Tierfreundin. Kein Wunder, stammt sie doch aus einer richtigen Tierarztfamilie. Sie arbeitet unter anderem als Moderatorin beim SWR in Stuttgart. Innerhalb der Sendung ›Landesschau – Die Woche‹ hat sie ihre eigene Serie, ›Tatjanas Tiergeschichten‹, in der sie Tiere besucht und ihre spannenden Geschichten erzählt.

Weitere Informationen zum Kinder- und Jugendbuchprogramm der S. Fischer Verlage, auch zu E-Book-Ausgaben, gibt es bei *www.blubberfisch.de* und *www.fischerverlage.de*

Tatjana Geßler

UNSERE TIERKLINIK

Rehkitz in Not & Kätzchen vermisst

Mit Bildern von Kathrin Treuber

FISCHER Taschenbuch

Erschienen bei FISCHER Kinder- und Jugendtaschenbuch
Frankfurt am Main, August 2015

Lizenzausgabe mit freundlicher Genehmigung des
Planet Girl Verlags
© Planet Girl Verlag (Thienemann Verlag GmbH),
Stuttgart/Wien 2011
Innenillustrationen: Katrin Treuber
Foto Rehkitz, Tiersteckbrief: Norbert Krämer/Picspack
(www.picspack.de/rehkitz_img4567.htm)
Foto Katze, Tiersteckbrief: Wolfgang Harder/Picspack
(www.picspack.de/vertraeumt_img173.htm)
Druck und Bindung: CPI books GmbH, Leck
Printed in Germany
ISBN 978-3-7335-0148-8

UNSERE TIERKLINIK

Rehkitz in Not

Dieses Buch gehört:

_____

Für Leonie, Juri, Neil und
mein Goldfisch-Rudel

INHALTSVERZEICHNIS

1.	Stracciatella findet Marie	**8**
2.	Stracciatella taut auf	**19**
3.	Herr Huber	**26**
4.	Ein unheimlicher Schatten im Wald	**35**
5.	Marie und Maike machen eine Entdeckung	**43**
6.	Ein unerwarteter Patient	**52**
7.	Wettschulden sind Ehrenschulden	**62**
8.	Ein neuer Freund	**71**
9.	Herr Huber ist der Beste	**80**
10.	Die Hütte im Wald	**89**
11.	Ein struppiger Held	**98**
12.	Der Plan	**107**
13.	Stracciatella lächelt	**117**

1. Stracciatella findet Marie

Stracciatella kam in einem durchweichten Pappkarton in Marie Werbers Leben. Der Karton war braun, hatte ein paar Luftlöcher, und wenn man die Nase dranhielt, roch es nach nassem Hundefell.

Maries Papa hatte ihn eines Abends im strömenden Regen vor ihrer Haustüre gefunden. Dr. Werber hatte dort schon viele Tiere aufgelesen: aus dem Nest gefallene Amselküken, ausgesetzte Kätzchen oder angefahrene Rehkitze.

Maries Papa ist Tierarzt. Und die Menschen, die diese armen Geschöpfe auf Konrad Werbers Treppe loswerden wollen, denken: Der Tierarzt wird sich schon ihrer annehmen. Es ist ja schließlich sein Job, sich um Tiere zu kümmern. Und dann machen sie sich einfach aus dem Staub und überlassen die hilflosen Wesen einer ungewissen Zukunft.

Dass dieses Tier im Karton anders war als alle anderen, die sie wieder gesund gepflegt hatten, fühlte Marie, als Konrad Werber vorsichtig den Pappdeckel anhob und ein struppiger, feuchter Welpenschopf zum Vorschein kam.

Es muss an seinen Augen gelegen haben, dass ihr Herz plötzlich einen kleinen Hüpfer machte. Er hatte glänzende Knopfaugen, schwarz wie die Tollkirschen, die bei ihrem Geheimversteck hinten am Wald wuchsen.

Das zitternde Hundekind legte seinen Kopf leicht zur Seite und sah Marie eindringlich an. Sein Blick war müde, traurig, aber auch hoffnungsvoll, so als wollte es sagen: *Mein Leben war bisher nicht schön, aber nun bin ich bei dir und ich weiß, dass alles gut wird. Wir werden bestimmt beste Freunde. Bitte kümmere dich um mich und hab mich ein wenig lieb!*

Marie wurde ganz wohlig im Bauch, als ob sie warmen Apfelkuchen gegessen hätte. Wie gern würde sie ihn behalten und seine Freundin werden. Aber Paps würde das sicher nicht erlauben.

»Na, wen haben wir denn da? Du bist aber eine niedliche Promenadenmischung!« Dr. Werber schmunzelte amüsiert, als er das zitternde Fellknäuel zum Untersuchen auf den silbern glänzenden Praxistisch hob. Dann verfinsterte sich seine Miene.

Marie machte sich um den Welpen große Sorgen.

Vorsichtig hörte Dr. Werber mit seinem Stethoskop die Herztöne ab. Marie wusste, dass er auf diese Weise überprüfte, ob das Herz oder andere Organe in einem Tier richtig funktionierten. Er schüttelte bekümmert den Kopf und warf Marie einen vielsagenden Blick zu, während er Temperatur und Gewicht kontrollierte.

In solchen Momenten war Marie Papas wichtigste Verbündete, dann fühlte sie sich wie eine richtige Tierärztin, deren Hilfe und Rat ihm wichtig waren.

Sie liebte die helle weiße Praxis, in der es immer leicht nach Desinfektionsmittel roch. Wie viele Stunden hatte sie hier schon mit ihrem Vater verbracht! Wie viele kranke oder verletzte Tiere hatten sie schon gemeinsam wieder auf die Beine gebracht. Das machte sie glücklich. Und auch ein wenig stolz. Tiere retten, das war für sie die schönste Sache der Welt. Schöner als Kino oder Zuckerwatte essen.

»Marie, du wirst mir wieder helfen müssen. Der kleine Kerl ist völlig unterkühlt und nur noch Haut

und Knochen. Es wird nicht leicht werden, ihn wieder aufzupäppeln, aber ich bin mir sicher, du schaffst das.« Wenn Paps traurig war und sich über Menschen ärgerte, die Tiere so schlecht behandelten, legte er seine Stirn in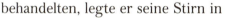
tiefe Falten. Dann musste Marie an die kleinen Wellen denken, die sich auf dem Fischweiher hinter den Koppeln bildeten, wenn der Wind sanft über das Wasser blies.

»Rubble ihn bitte vorsichtig trocken«, sagte Dr. Werber, reichte ihr ein weiches Handtuch und streichelte ihr aufmunternd über den Kopf. »Ich hole solange Aufbauspritze und Wärmelampe.«

Maries Freundin Maike würde jetzt, wie immer wenn sie beide eine Aufgabe von Paps bekamen, »Aye, aye, Doktor Werber!« rufen und sich mit Begeisterung an die Arbeit machen. Aber ausgerechnet heute konnte Maike Marie nicht bei dieser wichtigen Angelegenheit unterstützen. Maike Staudte war mit ihrem Vater und dem Hänger nach Österreich gefahren, »eine ganz besondere Kuh holen«, wie es Maikes Vater geheimnisvoll angekündigt hatte. Ralph Staudte gehört der riesige Bauernhof mit den vielen Kühen gleich neben dem Anwesen der Werbers.

Seit Konrad Werber vor zwei Jahren seine Tierklinik auf dem Land in der Nähe von Heidelberg aufgemacht hatte, gab es fast keinen Tag, den Marie und Maike nicht gemeinsam verbracht hatten.

In der großen Pause teilten sie sich die Brote, die ihre Mütter ihnen geschmiert hatten. Nach der Schule trafen sie sich in ihrem Geheimversteck am Waldrand oder sie trieben sich auf dem Gelände der Tierklinik rum. Sie halfen bei den Patienten, die stationär hier waren, bis sie Dr. Werber geheilt hatte und sie ihren besorgten Besitzern zurückgegeben werden konnten. Sie betreuten teure Rennpferde mit Bauchschmerzen, machten dem lahmenden Esel kalte Umschläge, schauten nach dem einäugigen Schwein oder dem Schwan mit dem gebrochenen und geschienten Flügel.

Marie hatte den Umzug von Frankfurt aufs Land gar nicht erwarten können. Als sie mit ihren Eltern zum ersten Mal in dem hübschen Dorf zu Besuch gewesen war, hatte sie sich sofort verliebt. Das alte Bauernhaus, in das sie zogen, sah mit den gedrechselten Balkongeländern und den Blumenkästen wunderschön aus. In dem verwunschenen Vorgarten reckten Sonnenblumen ihre schweren Köpfe über den Lattenzaun, als wollten sie Marie begrüßen. Die blühenden Bäume erinnerten sie an Wunderkerzen, und wo man hinsah, weideten Pferde und Kühe friedlich auf grasgrünen Wiesen.

Alle naselang liefen ihnen schnatternde Gänse oder gackernde Hühner vor die Füße, an jeder Ecke bellte ein Hund oder wärmte sich ein Kätzchen in der Sonne.

Als Marie ihre Mutter nach dem Umzug fragte, ob sie hier auf dem Dorf endlich auch einen Hund haben dürfe, hatte diese gelächelt und ihr einen Kuss auf die Stirn gegeben. »Wir schauen mal«, hatte sie gesagt. »Sobald Papa sicher ist, dass du Verantwortung für ein eigenes Tier übernehmen kannst, okay?!« Und dann hatten sich ihre Eltern verschwörerisch angesehen.

Einen Hund hatte Marie schon immer gern haben wollen, eigentlich seit sie denken konnte. Und das war ihrer Meinung nach schon furchtbar lange. Auf jedem Weihnachts- und Geburtstagswunschzettel stand der Hund immer an erster Stelle.

»Ein Hund braucht Auslauf, einen Garten, und den haben wir in Frankfurt nicht. Wenn wir irgend-

13

wann aufs Land ziehen, sieht die Sache anders aus«, hatte Mama sie vertröstet.

Jetzt lebten sie schon zwei Jahre auf dem Land. Aber einen Hund hatte Marie immer noch nicht. Natürlich war sie jeden Tag von Katzen, Hunden und Pferden umgeben. Aber ein eigener Hund, das war etwas ganz anderes. Ein treuer Freund, dem sie einen Namen gab und der bei ihr blieb. Sein Leben lang. Einer, der sie nicht wieder verließ, wenn er geheilt war, das war ihr Traum.

Vielleicht war Marie deshalb auch so aufgeregt, als sie den kleinen Welpen nun sanft trocknete. Er schmiegte dabei zärtlich sein nasses Köpfchen an Marie. Sein struppiges Fell war schwarz-weiß gesprenkelt und erinnerte sie an ihr Lieblingseis: Stracciatella. Das schmeckte nirgends so gut wie bei Angelo.

Wenn Maries Eltern ihr eine besondere Freude machen wollten, unternahmen sie mit ihr eine Radtour in die nahe gelegene Kleinstadt in Angelos Eisdiele.

»Isse für meine kleine Mutter Teresa de Tiere«, flötete Angelo ihr stets in seinem italienischen Akzent zu, während er ihr die Tüte über den Glastresen reichte.

»Grazie, Angelo«, bedankte sich dann Marie und wurde immer rot.

Wenn Angelo so nette Sachen über sie sagte, wurde sie ein wenig verlegen, auch wenn sie beim ersten Mal fragen musste, wer Mutter Teresa eigentlich sei und was genau Angelo damit meine. »Das war eine Frau, die sich in ihrem Leben sehr für andere Menschen eingesetzt hat«, hatte Mama ihr erklärt, und dabei hatten sich Papa und Mama angelächelt. »Und weil du dich so leidenschaftlich für Tiere einsetzt, zieht Angelo diesen Vergleich.«

Marie hoffte sehr, dass ihr Vater und sie auch das kleine Hundekind in ihrem Arm würden retten können.

»Das hast du gut gemacht«, lobte sie ihr Vater, als er mit Wärmelampe, Spritze und Decken zurückkam. »Er ist schon fast trocken.«

Dann gab er dem Welpen die Aufbauspritze und legte ihn auf seinem Bürosofa unter das wärmende Rotlicht. Auf diesem Sofa übernachtete er manchmal, wenn er Bereitschaft hatte und Mama durch die vielen Anrufe, die dann kamen, nicht wecken wollte.

Marie schmiegte sich an das zitternde Bündel, um es zu beruhigen. Ihr Vater streichelte ihr über den Kopf, als plötzlich sein Handy klingelte. Sein besorgter Gesichtsausdruck verhieß nichts Gutes.

»Große, ich muss schnell zu einem Notfall. Es ist zwar schon spät, aber morgen ist Sonntag und du kannst ausschlafen. Und jemand muss ihm jetzt jede Stunde etwas von diesem Welpenfutter geben. Mama ist oben in der Wohnung und weiß Bescheid, dass du in der Praxis bleibst. Außerdem musst du drauf achten, dass er unter der Wärmelampe bleibt und es immer schön warm hat. Das ist ganz wichtig! Traust du dir das zu?«

»Klar«, sagte Marie ganz aufgeregt und ihr Herz schlug schneller. Noch nie hatte Paps sie mit einem neuen Patienten allein gelassen. Sie kam sich auf einmal sehr erwachsen vor.

Kaum fraßen sich draußen die Reifen von Paps' Geländewagen durch den Kies, hatte das Hundchen schon gierig den ersten Löffel verputzt. Marie musste ihn nicht mal überreden. Es dauerte wenige Minuten, da stupste sein rosa Näschen ungeduldig ihre Hand und er forderte seine nächste Portion.

Als Dr. Werber spät in der Nacht wiederkam, lagen Marie und ihr Schützling aneinandergekuschelt auf dem Sofa und schliefen erschöpft. Zufrieden betrachtete der Tierarzt die leere Futterschale und streichelte Marie sanft die Schulter. »Wach auf, Schatz. Ich bring dich jetzt ins Bett.«

»Wie geht es Stracciatella?«, fragte Marie und war sofort hellwach.

Ihr Vater schaute kurz verwundert, wusste aber sofort, wen sie meinte. »Viel besser. Er hat alles gefressen, ich denke, er ist über den Berg und wird schnell wieder gesund. Das hat er dir zu verdanken.«

»Wo kommt er hin, wenn er wieder gesund ist?«, fragte Marie ängstlich und es klang, als hätte sich ihre Stimme den Fuß verknackst.

Dr. Werber lächelte und legte liebevoll den Arm um ihre Schulter. »Er kommt nirgendwohin. Ich finde, du bist jetzt alt genug. Außerdem hast du heute wieder bewiesen, dass du Verantwortung für ein Tier übernehmen kannst.«

Wie lange hatte Marie auf diesen Augenblick gewartet!

»Du meinst, ich darf ihn behalten?!!« Marie verschluckte sich vor Aufregung und musste husten.

Ihr Vater nickte und Marie fiel abwechselnd ihm und Stracciatella um den Hals. Sie war so glücklich, dass sich der Boden unter ihren Füßen auf einmal ganz wackelig anfühlte.

»Wuff«, machte Stracciatella und sah aus, als ob er höchstzufrieden in sich hineinlächelte.

»Gott sei Dank haben wir dich noch rechtzeitig gefunden«, seufzte Marie erleichtert und drückte ihn an sich.

Stracciatella wedelte zustimmend mit dem kleinen Schwanz.

Dr. Werber zwinkerte Stracciatella zu und lachte. »Ich glaube, Liebling, nicht wir haben ihn gefunden. Er hat dich gefunden!«

2. Stracciatella taut auf

Marie träumte in dieser Nacht von ihrem Geheimversteck. Es lag am Waldrand, gleich hinter dem Fischweiher, und sie und Maike nannten es »Iglu«. Es war kein Schneehaus, sondern eine sehr dicht gewachsene Hecke, ähnelte von außen aber etwas einer grünen Inuitbehausung.

An einer Seite hatte die Hecke ein Loch – kaum zu entdecken und gerade so groß, dass die Mädchen hindurchschlüpfen konnten. Erwachsene mussten, davon mal abgesehen, dass sie das Versteck mit ihrem Erwachsenenblick eh nie entdeckt hätten, draußen bleiben.

Normalerweise schützte das dichte Blattwerk der Hecke die Mädchen vor Wind und Regen. Deshalb wunderte Marie sich auch, dass es plötzlich nass an ihrer Wange wurde. Oje, dachte sie noch, wieso regnet es auf einmal durchs Igludach?! Dann wachte sie aus ihrem Traum auf. Aber das seltsam nasse Gefühl an der Wange war immer noch da!

Sie brauchte eine Weile, um zu begreifen, was es war. Stracciatella stand breitbeinig auf ihrer Brust, wedelte so wild mit dem Schwanz, dass er fast das Gleichgewicht verlor, und leckte ihr mit seiner rosa Zunge selig das Gesicht.

Während Marie langsam die Augen öffnete, halb noch im Traum in ihrem Geheimversteck, halb schon wach in ihrem Zimmer, wunderte sie sich: Wieso steht ein Hund auf meinem Bauch? Ein Hund! Stracciatella!!

Und mit einem Mal war sie hellwach. Natürlich, der Welpe! Sie strahlte ihn an. Stracciatella stupste sie ungeduldig mit seiner rosa Nase. *Schlafmütze, raus aus dem Bett!*, schien sein Blick zu sagen, *oder willst du etwa unseren ersten gemeinsamen Tag verschlafen?*

»Hast ja recht«, sagte sie lachend und gab ihm einen dicken Kuss auf sein struppiges Welpenköpfchen. »Das wäre zu schade. Komm, wir gehen frühstücken.«

Eilig schlüpfte Marie in Jeans und T-Shirt. Aus

der Küche drang Geschirrgeklapper, das Rascheln von Papas Sonntagszeitung und das wütende Fauchen der Espressomaschine. Mama und Papa waren schon wach.

Wie sich Marie freute: Das erste Sonntagsfrühstück mit Stracciatella! Sie staunte, wie munter er schon die für ihn noch recht hohen Treppen runterplumpste. Kein Vergleich mehr mit dem hilflosen, pitschnassen Häufchen Elend von gestern Abend.

Mama stand in ihrem hübschen, geblümten Sommerkleid, das Paps ihr letztes Jahr im Italienurlaub gekauft hatte, an der Anrichte und schnitt Brot. Dr. Werber saß am Küchentisch und blätterte gähnend in der Zeitung.

»Da ist ja unser neues Familienmitglied, mein Gott, was bist du niedlich!«, rief Verena Werber entzückt, ging in die Hocke und breitete die Arme aus.

Stracciatella rannte ihr so stürmisch entgegen, dass er auf den glatten Küchenfliesen nicht mehr rechtzeitig anhalten konnte und ihr mit Karacho in die Arme schlitterte. Sie lachte, bis ihr die Tränen kamen. Schöner konnte ein Tag gar nicht beginnen!

»Gratuliere zu deinem ersten eigenen Hund«, sagte Mama und gab Marie einen Kuss. Sie reichte ihr die Schüssel mit dem Welpenbrei und Marie begann, Stracciatella zu füttern.

»Dein Hundekind futtert wie eine neunköpfige Raupe«, bemerkte Mama lachend. »Wenn er weiter einen so guten Appetit hat, wird er eines Tages wirklich rund wie eine Kugel Eis.«

Nachdem Marie den immerhungrigen Stracciatella versorgt hatte, nahm sie am Tisch Platz und verschlang selbst ganz gierig zwei Honigbrote. Hunde-Ersatzmama zu sein, machte hungrig.

Nach drei Notfällen in dieser Nacht wirkte Paps sehr erschöpft und sprach nicht viel. Eine Kuh bei Staudtes hatte versucht zu kalben, aber das Kälbchen lag quer im Bauch und es dauerte Stunden, bis er es lebend auf die Welt gebracht hatte. Ein Hund hatte sich einen Nagel in die Pfote getreten, ein Kätzchen war vom Dach gefallen und musste genäht werden – aber das alles konnte nicht der Grund sein. Irgendetwas anderes musste in dieser Nacht vorgefallen sein, denn er machte wieder seine Weiher-Wellen-Stirn.

Wenn Paps vielen Tieren geholfen hatte, war er danach eigentlich besonders gut gelaunt, auch wenn er dafür oft nachts rausmusste und wenig Schlaf bekam. Das hatte Marie schon häufig beobachtet.

Egal ob es nur ein Igel war, den er von der Straße gelesen hatte, oder ein teurer Rassehund, dem er in einer komplizierten Notoperation das kostbare Leben gerettet hatte.

Aber heute wirkte er niedergeschlagen, auch wenn er versuchte, sich nichts anmerken zu lassen, und mit einem etwas verunglückten Scherz darüber hinwegtäuschen wollte.

»Na, Spätzchen«, wandte sich Paps an Marie, faltete seine Zeitung zusammen und nickte Richtung Stracciatella. »Dein Schützling entwickelt sich erstaunlich gut. Wenn Stracciatella nicht Eis wäre, würde ich sagen, er taut auf.« Er lächelte gezwungen.

»Doktorchen, mach dir doch nicht so viele Gedanken. Vielleicht ist dein Verdacht, dass der Schäferhund misshandelt wurde, ja unbegründet«, sagte Mama und legte ihm einen Arm um die Schulter. Immer wenn sie Paps aufmuntern wollte oder besonders lieb zu ihm war, nannte sie ihn Doktorchen.

Marie sah interessiert auf und fragte: »Was für ein Schäferhund? Was für ein Verdacht?«

»Papa wurde heute Nacht von Anwohnern informiert, dass bei ihnen in der Nachbarschaft ein Hund jault«, erklärte Mama. »Als er hinkam, öffnete ein grob wirkender Mann die Haustür, und ein völlig verschüchterter Hund drückte sich hinter ihm in den Flur. Der Mann wiegelte ab und sagte, er sei seinem Schäferhund nur aus Versehen auf die Pfote getreten, aber Papa vermutet, dass er den Hund geschlagen hat.«

Ungeachtet der bedrückten Stimmung, die sich auf einmal wie ein kalter Morgennebel auf den Frühstückstisch senkte, probierte Stracciatella heimlich, wie Schuhsohlen schmeckten.

»Warum hast du dem Mann den Schäferhund nicht weggenommen?«, fragte Marie aufgebracht und hatte augenblicklich keinen Hunger mehr.

»Das darf ich nicht, Marie«, antwortete ihr Vater traurig. »Wenn ich handfeste Beweise hätte, dass der Hund gequält wird, könnte ich den Tierschutz einschalten. Die dürften den Hund dann eventuell befreien und in ein Tierheim bringen. Aber allein das zu beweisen, ist nicht leicht. Ihn einfach seinem Besitzer wegnehmen, geht leider nicht, das wäre Diebstahl. Es gibt ein Gesetz, das besagt, Tiere sind Sachen. Ich hätte den Mann dann bestohlen, so als ob ich ihm sein Fahrrad weggenommen hätte, und dafür hätte man mich bestraft.«

Stracciatella ließ von seinem Hausschuh ab und kratzte sich hinter dem Ohr. Wahrscheinlich fragte er sich, warum manche Menschen nicht wussten, wie groß der Unterschied zwischen einem Tier und einer Sache war. Oder er wunderte sich darüber, was Menschen für ungerechte Gesetze machten.

»Man darf also ein Tier nicht von seinem Besitzer befreien, auch wenn der es schlecht behandelt? Weil es eine Sache ist?!!« Marie war fassungslos und konnte den Kummer ihres Vaters nur zu gut verstehen. Für manche war ein Tier also nicht mehr wert als ein Kofferradio oder ein alter Fußball?! Unglaublich.

Entrüstet streichelte Marie Stracciatella durchs struppige Fell. »Du bist also nur ein Gegenstand«, flüsterte sie traurig. »Aber eines musst du wissen: Du bist zwar nach dem Gesetz eine Sache, aber für mich bist du die schönste Sache der Welt.«

3. Herr Huber

Als Marie nach dem Frühstück mit Stracciatella im Schlepptau über die Wiese rüber zu Staudtes stapfte, war ihr Kopf schwer wie ein Medizinball. Sie machte sich Gedanken. Ob solch traurige Ereignisse ihren Traum, selbst mal Tierärztin zu werden, trüben konnten?

Dass es Menschen wie den Schäferhundmann gab, wusste sie längst. Als sie noch in Frankfurt lebten, hatte sie mit anschauen müssen, wie ein Kerl mit seinem Auto absichtlich in einen Schwarm Tauben gefahren war, die ganz unschuldig auf der Straße ihre Krümel pickten.

Und dass Paps nicht allen Tieren helfen konnte, war ihr auch bewusst. Tiere wurden manchmal unheilbar krank und mussten, genau wie Menschen, eines Tages sterben. Das konnte selbst Paps nicht verhindern.

Trotz dieser schweren Momente hatte er aber nie den geringsten Zweifel aufkommen lassen, dass Tierarzt der schönste Beruf der Welt war.

Stracciatella blieb plötzlich unvermittelt stehen, sodass Marie fast über ihn gestolpert wäre. Dann setzte er sich vor ihre Füße ins Gras und blickte sie stirnrunzelnd an. Er sah aus, als wollte er ihre düsteren Gedanken verjagen und ihr ins Gewissen reden.

Schau mich an! Ohne deine Hilfe wäre ich jetzt nicht hier. Wie kannst du also auch nur einen einzigen Augenblick an deinem Traumberuf zweifeln?!, schienen seine schwarzen Knopfaugen zu fragen.

Marie musste über seinen vorwurfsvollen Blick so lachen, dass sich ihre Zweifel augenblicklich auflösten wie Brausepulver in Wasser. Sie nahm ihn hoch, drückte ihr Gesicht in sein warmes Fell und murmelte: »Entschuldige, du hast ja so recht. Natürlich werde ich eines Tages eine richtige Tierärztin. Eine gute noch dazu. Komme, was wolle! Ich verspreche es dir.«

Stracciatella kuschelte sich noch ein wenig fester an Marie und kommentierte ihre Entscheidung mit einem höchstzufriedenen »Wuff«.

27

Als sie auf Ralph Staudtes Hof kamen, stand bereits sein Geländewagen mit dem silbernen Tiertransporter vor den Ställen. Der Anhänger glänzte in der Sonne verheißungsvoll, als verberge er einen ganz besonderen Schatz in seinem dunklen Bauch.

»Marieeeee, du kommst goldrichtig! Wir wollen gerade den Hänger aufmachen und ausladen!«, schrie Maike und jagte ihr entgegen, um ihr um den Hals zu fallen. Vor lauter Aufregung überschlug sich ihre Stimme in kreischende Kickser, mit denen man Backenzähne hätte aufbohren können. »Marie, du glaubst es nicht, du glaubst es nicht! Rate, was in dem Hänger ist!« Maike japste nach Luft und strich sich eine rote Locke aus der erhitzten Stirn.

Na eine Kuh, wollte Marie antworten und wunderte sich über Maikes ungewöhnliche Begeisterung für Wiederkäuer.

Da fiel Maikes Blick auf Stracciatella und sie unterbrach Maries Gedanken: »Mich sticht der Hafer, wer ist denn das?! Mann, der ist ja mal Zucker!«

»Das ist Stracciatella, mein Hund«, erklärte Marie stolz und wurde ein paar Zentimeter größer. »Ich habe ihm letzte Nacht das Leben gerettet und darf ihn behalten.«

»Ich krieg die Motten!« Maike brachte den

Mund gar nicht wieder zu. »Du hast einen Hund! Hast du Väterchen Werber endlich weichgeklopft?!« Grinsend strich sie Stracciatella zur Begrüßung übers Köpfchen. »Ich fass es nicht, heute ist wirklich unser Eins-a-super-Sahne-Glückstag, du hast einen richtigen eigenen Hund und ich ...« Doch dann biss Maike sich auf die Unterlippe, damit ihr ja kein weiteres Wort herausrutschen konnte, machte ein geheimnisvolles Gesicht und zog Marie ungeduldig am Ärmel mit sich.

Schon bei ihrem allerersten Treffen hatte sich Marie in Maikes quirlige, vorwitzige Art vernarrt. Wenn in den Romantik-Filmen, die Mama gerne schaute, von »Liebe auf den ersten Blick« die Rede gewesen war, hatte sie nie verstanden, was die Erwachsenen damit meinten. Doch an jenem Tag begriff sie plötzlich. Obwohl Marie das Mädchen mit dem schelmischen Glitzern in den Augen kaum einen Wimpernschlag lang gesehen hatte, wusste sie, dass sie ihre allerallerbeste Von-jetzt-bis-zum-Sankt-Nimmerleins-Tag-Freundin werden würde. Marie würde nie vergessen, wie Maike in verwaschenen Jeans und geknotetem Karohemd, die eichhörnchenroten Locken zu Zöpfen gebändigt, mit ihrem Vater auf dessen Erntewagen gestanden und Heuballen abgeladen hatte. Maike und ihr Vater hatten vor lauter Schufterei gar nicht bemerkt, dass Marie und ihre Eltern zum Antrittsbesuch auf den Hof gekommen waren. Und so hatte Marie unfreiwillig deren Unterhaltung belauscht:

»Dass du dich bitte einmal benimmst und am Riemen reißt«, hatte Ralph Staudte seine Tochter ermahnt, während er keuchend einen Heuballen nach dem anderen in die Scheune wuchtete. »Gleich stellen sich unsere neuen Nachbarn vor. Sie wirken sehr nett und ich wäre dir sehr verbunden, wenn du sie mit deiner unbändigen Art nicht gleich zu Tode erschreckst.«

»Aye, aye, junger Mann, sonst noch Wünsche?«, hatte Maike geflötet und die Hacken zusammengeschlagen.

»Ja, dass du nicht so frech zu ihnen bist wie zu deinem Vater«, hatte er ihr augenzwinkernd geantwortet.

Maike war nie um einen coolen Spruch oder eine Antwort verlegen. Wo Marie oft zu still und zu nachdenklich war, war Maike meist ein wenig zu laut und zu temperamentvoll. Und ein bisschen zog sie das Chaos an, so wie manche Wollhosen Fusseln anziehen. Marie kannte zum Beispiel niemanden, der beim Essen so viel kleckerte. Ständig rutschte Maike etwas aus der Hand und ging zu Bruch, und ihr Zimmer glich meistens einem Schlachtfeld. Aber genau diese Gegensätze mochten sie aneinander. Und wenn es darum ging, Entscheidungen zu treffen oder in einer brenzligen Situation einen kühlen Kopf zu bewahren, war Maikes immer blitzsauber aufgeräumt.

Freudestrahlend zeigte Maike nun auf den Hänger und trippelte nervös von einem Bein auf das andere. »Mariechen, halt dich bitte an mir fest, dich wird es sonst gleich rücklings aus den Latschen hauen.«

Ralph Staudte kam mit einem Eimer Wasser aus dem Stall und begrüßte die Freundin. »Hallo, Marie, schön, dich zu sehen. Seid ihr bereit?«

Marie wusste zwar nicht so recht wofür, aber sicherheitshalber nickte sie.

Dann öffnete Maikes Vater langsam die Hängerklappe und jetzt war es Marie, die den Mund nicht mehr zubekam. Statt des erwarteten schwarz-weiß gefleckten Kuhhinterteils kam ein dichter flachsfarbener Schweif zum Vorschein. An dem Schweif hing ein pummeliges hellbraunes Pony mit großen wachen Augen.

31

Einen Moment war es so still auf dem Hof, dass man nur das Muhen der Kühe im Stall hörte. Dann fingen Marie und Maike an zu jubeln. Es war so ansteckend, dass selbst Herr Staudte lächeln musste.

»Ein Haflinger, ein Haflinger, Marie, das ist mein Haflinger!«, sang Maike und tanzte wie ein Brummkreisel über den Hof.

Sie lachten und kicherten, fanden kein Ende und bekamen kaum noch Luft.

Stracciatella warf sich erschrocken auf den Bauch und legte sich die Pfoten über die Ohren.

Jetzt ist sie völlig übergeschnappt, muss er gedacht haben.

Etwas schwerfällig trottete das rundliche Pony über die Rampe, äppelte zur Begrüßung auf den Hof und beobachtete aufmerksam seine neue Umgebung. Seine lange, gepflegte Mähne flatterte sacht im Wind.

Stracciatella stand wieder auf, um interessiert an den dampfenden Pferdeäpfeln zu schnüffeln.

Bevor die Mädchen den Wallach in den Stall bugsieren konnten, stürzte er sich auf einen hübschen Löwenzahn und verschlang ihn gierig.

Ralph Staudte lachte: »Er frisst wie ein Scheunendrescher, ist äußerst gemütlich und eine Seele von Pferd. Auch wenn ihr noch nicht so gut reiten könnt, werdet ihr bestens mit ihm auskommen. Wenn ihr möchtet, könnt ihr bereits morgen einen Ausritt wagen.« Er wandte sich an seine Tochter. »Weißt du denn schon, wie du ihn nennen willst?«

Alle dachten nach. Maike fand Rolo einen passenden Namen, weil sein rundlicher Bauch sie an diese weichen runden Schokokaramellbonbons erinnerte. Aber Ralph Staudte hatte plötzlich eine bessere Idee.

»Weißt du was, Schatz«, meinte er, »wenn du mich fragst, sieht er aus wie die gute Seele, die Maries Papa im Stall und in der Praxis unterstützt.«

»Herr Huber? Natürlich! Ich wusste doch, dass mich das Pony an jemanden erinnert«, sagte Marie. Sie hatte sein Bild deutlich vor Augen. Ein kleiner, dicker Mann mit blondem Haarschopf und freundlichen Augen. Sie mochte ihn sehr, weil er sie in allem, was sie tat, ohne nachzufragen, unterstützte. Für Marie hatte er immer Zeit und ein offenes Ohr. Herr Huber war für Marie mehr als ein Mitarbeiter

33

ihres Vaters. Herr Huber gehörte fast zur Familie, weshalb ihn daheim auch alle nur Steffen nannten.

»Willkommen zu Hause, Herr Huber«, sagte Maike selig und streichelte dem Pony zärtlich über die Nüstern, die so wunderbar weich waren wie das Samtsofa ihrer Oma. »Du bist das beste Geschenk aller Zeiten. Wir vier werden bestimmt viel Spaß miteinander haben.«

Herr Huber wieherte bestätigend.

»Wuff«, machte Stracciatella. Er musste mal wieder das letzte Wort haben.

4. Ein unheimlicher Schatten im Wald

»Bin aus der Schule zurück!«, rief Marie tags darauf, ließ krachend die Haustür ins Schloss fallen und pfefferte ihren Ranzen polternd in die Ecke, dass ihr Vater erschrocken zusammenzuckte. Ganz außer Puste setzte sie sich nervös zappelnd zu ihren Eltern an den Mittagstisch und verschlang in Rekordtempo Kartoffelbrei, Sauerkraut und Würstchen.

»Was um alles in der Welt ist denn mit dir los? Hast du Angst vor einer drohenden Hungersnot oder warum schlingst du wie ein Wolf?«, fragte Mama.

»Nö, ich hab's nur ganz schrecklich eilig«, nuschelte Marie mit vollem Mund.

Stracciatella ließ sich von der Hektik, die Marie verbreitete, überhaupt nicht aus der Ruhe bringen.

Er saß höchst konzentriert neben dem Küchentisch, hob eine Pfote und starrte auf das letzte Würstchen, als wollte er es hypnotisieren.

»Du willst gleich wieder fort?«, fragte Mama ein wenig enttäuscht. Sie hatte gehofft, Marie würde ihr heute im Garten helfen. Dann nahm Mama sich das letzte Wienerle, was wiederum Stracciatella enttäuschte und zu einem kläglichen Winseln veranlasste.

»Maike und Herr Huber warten auf mich. Wir reiten doch heute zum ersten Mal mit ihm aus«, erklärte Marie, und dabei kribbelte es in ihrem Bauch, als hätte sie eine ganze Armee Ameisen verschluckt.

»Und was machst du solange mit Stracciatella?«, fragte ihr Vater, wischte sich den Mund mit der Serviette ab und legte sein Besteck auf den leeren Teller.

»Der reitet natürlich mit. Was dachtest du denn?!«, erwiderte Marie entrüstet.

»Zwei Mädchen und ein Hund auf einem dicken Pony.« Paps lachte. »Die Bremer Stadtmusikanten in einer völlig neuen Formation.«

Marie tat so, als hätte sie die Bemerkung nicht gehört.

»Ihr haltet euch aber bitte daran, was
Frau Staudte gesagt hat. Ihr reitet
nicht weiter als bis zur großen Eiche, hörst du?!«, ermahnte sie ihre Mutter besorgt.

»Aber ja, Mama«, antworte Marie
ungeduldig. Und dann stürzte sie schon in
ihr Zimmer, zog ihre Reithosen an, stibitzte einen
Apfel für Herrn Huber aus dem Früchtekorb und
weg war sie.

»Und deine Hausaufgaben?«, rief Mama ihr noch
hinterher, aber da war Marie bereits aus der Haustür gestürmt.

Sobald Marie auf den Feldweg einbog, zog sie sich
den Pulli über den Kopf und ließ sich von der Sonne
den Nacken wärmen. Der Himmel über den Wiesen und Feldern leuchtete wie frisch geputzt. Nur
ein paar wollweiße Wölkchen schwammen wie zufriedene Schäfchen in dem grenzenlosen Blau. Es
roch nach frisch gemähtem Gras und sommerwar-
men Erdbeeren. Dieser wunderbare himmelblaue
Nachmittag war definitiv zum Ausreiten gemacht.

Als Marie mit Stracciatella auf den Hof der
Staudtes kam, stand Herr Huber schon gestriegelt

37

und gesattelt an der Stalltür und scharrte ungeduldig mit den Hufen.

»Da seid ihr ja endlich, wir warten seit einer Ewigkeit.« Maike zwinkerte und gab Marie einen zärtlichen Stoß in die Seite. »Herr Huber hat vor lauter Ungeduld schon den gesamten Hof von Löwenzahn befreit.«

Stracciatella sprang übermütig an Maike hoch und stieß sie vor Freude fast um. Sie schob ihn sanft von sich, fasste den Steigbügel, schwang sich in den Sattel und nahm energisch die Zügel in die Hand. Marie setzte sich hinter den Sattel, Stracciatella bekam den Platz zwischen den Mädchen.

»Ihr seid ja ein lustiges Gespann«, sagte Sandra Staudte, Maikes Mutter, schmunzelnd. Sie hatte ihre roten Locken unter ein Kopftuch gesteckt und kam gerade mit einer Mistkarre aus dem Kuhstall. »Dass ihr mir aufpasst, ja?! Ihr wisst doch ...«

»Ja, Mama, wir wissen, nicht weiter als bis zur Eiche«, fiel ihr Maike ungeduldig ins Wort. »Und wir passen schon auf, dass nichts passiert.« Dann presste sie ihre Schenkel an den warmen rundlichen Pferdebauch und Herr Huber setzte sich gemütlich in Bewegung.

Als sie den Wiesenweg erreichten, schnalzte Maike mit der Zunge, gab noch mehr Druck mit den Schenkeln und Herr Huber fiel in einen schaukelnden Trab.

Die Freundinnen grinsten selig vor sich hin. Maike hatte sich mindestens genauso lange ein Pony gewünscht wie Marie einen Hund. Auch sie hatte ihrem Vater damit ständig in den Ohren gelegen. Und wenn Maike sich was in den Kopf gesetzt hatte, konnte sie für alle Beteiligten ganz schön anstrengend sein.

»Es ist einfach das richtige Pony für dich. Und es war ein unglaublich günstiges Angebot, das ich nicht ablehnen konnte«, hatte Ralph Staudte seinen unerwarteten Gesinnungswandel begründet. Aber Marie vermutete, dass ihm Maikes ständige Quengelei einfach nur mächtig auf den Geist gegangen war.

Dass sich ihr größter Traum doch erfüllt hatte, war für die Mädchen noch ein wenig unwirklich. »Mariechen, kneif mich mal, ich glaub das hier sonst alles nicht. Ich denke, ich träume.«

»Nichts lieber als das«, meinte Marie grinsend und zwickte ihre Freundin leicht in die Seite.

»Oh wie schön, es ist wahr«, sagte Maike lachend

und ihre eichhörnchenroten Haare flatterten im Wind.

Stracciatella blinzelte zufrieden in die Sonne und kuschelte sich an Marie. Ach, so hätten sie tagelang weiterreiten können. Keines der Mädchen konnte sich zu diesem Zeitpunkt auch nur im Entferntesten vorstellen, dass ein so traumhafter Tag auch dramatisch zu Ende gehen konnte.

»Was war das?! Hast du das gesehen?!«, rief Maike plötzlich beunruhigt und deutete auf eine Reihe junger Buchen, deren Blätter sanft im Wind schaukelten. Sie hatten fast den Waldrand erreicht und Herr Huber war wieder in seinen gemächlichen Bloß-keinen-Stress-Schritt gefallen.

»Was?«, fragte Marie, kniff die Augen zusammen und blickte angestrengt zum Wald hinüber, konnte aber nichts erkennen.

»Da, der braune Schatten. Ich hab es deutlich gesehen«, sagte Maike. Stracciatella hob sein Näschen witternd in die Luft. »Schau, selbst Stracciatella scheint es bemerkt zu haben. Irgendetwas ist da zwischen den Buchen, ich bin mir ganz sicher.«

»Der Wind bewegt nur die Blätter der Bäume.

Ich glaube, du hast dich getäuscht. Also ich sehe rein gar nichts. Aber lass uns näher ranreiten«, schlug Marie vor, auch wenn ihr jetzt doch mulmig wurde. Zu ihrem Ärger merkte sie, dass ihre Hände ein wenig zitterten.

Stracciatella wurde unruhig, begann zu winseln und wollte unbedingt von Herrn Hubers Rücken.

»Irgendetwas hat er, komm, lassen wir ihn runter und schauen, was er macht«, sagte Maike.

Die Mädchen sprangen vom Pferd und setzten den Welpen vorsichtig auf die Erde. Nicht weit von ihnen entfernt knackten auf einmal Äste. Es raschelte und rasselte gespenstisch im Gebüsch.

Marie umklammerte Maikes Hand so fest, dass ihre Knöchel ganz weiß wurden. Den Mädchen wurde es immer unheimlicher. Sie sahen einander an und beide wussten genau, was die andere gerade fühlte. Auch wenn Maike eher gestorben wäre, als vor Marie offen zuzugeben, dass auch sie jetzt schreckliche Angst hatte.

»Hey, warte, nicht so schnell, Stracciatella!«

Stracciatella rannte plötzlich unerwartet los, sodass die Mädchen mit dem trägen Herrn Huber kaum hinterherkamen. Sein Kopf war geduckt, sein Schwanz bildete eine waagrechte Linie, seine Nase hielt er dicht über dem Waldboden wie ein erfahrener Jagdhund, der eine Fährte aufgenommen hat. Unvermittelt blieb er stehen, stemmte alle vier Pfoten in die Erde, schnüffelte aufgeregt an einer etwa hufgroßen Pfütze und bellte.

Als die Mädchen atemlos näher kamen, erschraken sie. Obwohl es sommerlich warm war, liefen ihnen eiskalte Schauer über den Rücken. Was Stracciatella da aufgespürt hatte, war keine Pfütze. Es war Blut.

5. Marie und Maike machen eine Entdeckung

Maike war die Erste, die ihre Sprache wiederfand. Sie hatte sich gebückt und studierte konzentriert den Waldboden.

»Da, die Blutstropfen!«, rief sie in die angsterfüllte Stille. »Von der kleinen Pfütze führt eine dünne Blutspur direkt ins Gebüsch.« Ihre Stimme war vor Aufregung mal wieder so schrill, man hätte Bleistifte damit spitzen können.

Selbst der sonst so unerschütterliche Herr Huber erschrak vor ihr und machte einen Satz zur Seite, als wollte er ihrer schmerzhaften Tonlage ausweichen.

Fühlt sich jedes Mal an wie ein sauberer Schnitt durchs Trommelfell, dachte Marie und rieb sich die Ohren.

43

»Irgendjemand oder irgendetwas muss eine Verletzung haben und ist wahrscheinlich blutend dort ins Unterholz geflüchtet«, kombinierte Maike, fasste Herrn Huber kürzer am Zügel und senkte ihre Stimme.

Die Mädchen sahen sich vorsichtig um; bei jedem Knacken, jedem Knistern in den Büschen zuckten sie zusammen.

»Was, wenn sich dort ein gefährlicher Häftling versteckt, der auf seiner Flucht aus dem Gefängnis von der Polizei angeschossen wurde?!«, flüsterte Marie.

»Du solltest nicht so viele Krimiserien anschauen«, wollte Maike ihr gerade entgegnen, da sahen sie es: Zwei tiefschwarze, vor Angst geweitete Augen starrten sie aus dem dichten Dickicht an.

Marie zerkaute vor Anspannung ihre Fingernägel, Maike biss sich auf die Unterlippe, bis sie schmerzte. Keiner wagte, irgendwas zu sagen. Stracciatella hob seine rechte Vorderpfote, alle Muskeln angespannt, zum Sprung bereit. Nur Herrn Huber schien der Ernst der Lage schnuppe. Er nutzte den unbeobachteten Moment, um sich seelenruhig ein paar Grashalme zu rupfen.

Die schwarzen Augen fixierten sie unverwandt. Und dann ging alles rasend schnell.

»Stracciatella, oh nein, Stracciatella bleib hier!«, rief Marie noch panisch, aber es war schon zu spät. Stracciatella war nicht mehr zu halten und stürzte sich laut bellend auf das unheimliche Wesen, das erschrocken seine Deckung verließ und an den Mädchen vorbei in den Wald floh.

Marie und Maike schauten sich entsetzt an. Ein wenig schämten sie sich jetzt ihrer Angst. Denn der furchterregende braune Schatten war kein entflohener Häftling. Der braune Schatten war ein verängstigtes, hilfloses Kitz. Um seinen Hals hing eine Kette, die es rasselnd hinter sich herschleifte. Ihre schweren Glieder schnitten dem zarten Tier in die Haut, dass es blutete. Doch bevor die Mädchen richtig begriffen hatten, was da gerade passierte, war das Kitz samt Kette im tiefen Wald verschwunden.

Stracciatella sah nach ein paar Metern enttäuscht ein, dass er für eine Rehverfolgung noch zu kurze Beinchen hatte, machte kehrt und trottete niedergeschlagen zurück zu Marie. Traurig ließ er sein Köpfchen hängen, als wollte er sich dafür entschuldigen, dass er das Reh nicht hatte einfangen können.

Auf dem Heimritt schwirrten Marie unzählige Fragen durch den Kopf wie Motten um eine Straßen-

laterne: Woher kam das Kitz? Was war mit der Ricke, seiner Mutter? Wer hatte dem Kitz die grässliche Kette um den Hals gelegt? Und warum?

»Das arme Reh! Wer um alles in der Welt tut so etwas Schreckliches?«, schimpfte Maike. »Ich bin so wütend, ich könnte demjenigen glatt seinen Hals umdrehen! Nicht auszudenken, was passiert, wenn das Kitz in diesem Zustand einem Jäger vor die Flinte läuft. Er wird es sicher gleich erschießen!«

Aber wie lange würde es mit seiner blutenden Wunde überhaupt überleben? Was, wenn es keiner rechtzeitig fand? Marie schätzte, dass das Kitz fünf Monate alt war. In diesem Alter fressen Rehkinder zwar schon selbstständig, brauchen aber zusätzlich auch noch die Milch der Ricke. Wie lange würde das Kitz ohne sie durchkommen? Was musste das arme Kitz schon alles erleiden? Marie quälten all die Fragen und Gedanken und sie musste an Paps' Machtlosigkeit bei dem Vorfall mit dem Schäferhundmann denken.

»Mach dir keine Vorwürfe, Marie«, versuchte Maike, ihre Freundin zu beruhigen, die wütend auf sich war, weil sie nicht schneller reagiert hatte. »So ein Kitz ist blitzschnell, das hätten wir nie eingefangen. Aber ich bin sicher, irgendjemand wird es finden.« Dabei lächelte sie ihre Freundin mit ihrem typischen Alles-wird-gut-Lächeln an. So machte es Maike immer. Jeden noch so schweren Stein konnte sie Marie damit von der Seele räumen.

Nur jetzt wollte sich der verdammte Brocken keinen Zentimeter rühren.

Als Marie nach Hause kam, stürzte sie, ohne anzuklopfen, in die Praxis, was sie sonst nie gewagt hätte. Sie wusste, dass Paps für seine vierbeinigen Patienten Ruhe und seine ganze Aufmerksamkeit benötigte. Aber sie war so aufgelöst, dass sie es schlicht vergaß.

Sie rang nach Luft und hatte grässliches Seitenstechen. Ihr Kopf glühte, als hätte sie Fieber. Stracciatella hechelte und seine kleine Zunge hing ihm wie ein nasser Waschlappen aus dem Maul. Den ganzen Weg von Staudtes Hof hierher waren die beiden, so schnell sie konnten, gerannt.

Dr. Werber trug seinen weißen Kittel und behandelte gerade einen Dackel, der unter einer eitrigen Zahnwurzel litt. Der Tierarzt fuhr erschrocken zusammen, als Marie und Stracciatella in die Praxis gestürmt kamen. Dann sah er sie mit hochgezoge-

47

nen Augenbrauen besorgt an und legte sein Skalpell aus der Hand.

»Ist euch was passiert? Ist jemand vom Pony gefallen? Hat sich Herr Huber verletzt?«

Marie schloss eilig die Tür und stellte sich zu ihm an den Behandlungstisch. »Nein, Paps, mit uns ist alles in Ordnung, keine Sorge, aber das arme Kitz ...«

Die Geschichte sprudelte aus ihr wie ein Sturzbach und Dr. Werbers Stirn legte sich in immer tiefere Wellen.

»Mein Schatz, hol tief Luft und beruhige dich erst mal«, sagte er und nahm Marie tröstend in die Arme. »Wir finden eine Lösung, aber ich sollte davor noch den kleinen Kerl hier versorgen.« Er deutete auf seinen Patienten. »Der Dackel ist narkotisiert und ich muss ihn fertig behandeln, bevor er aus seinem Schlaf erwacht. Im Wartezimmer sitzt außerdem noch Uta Prehn mit ihrer hochträchtigen Minka. Kümmerst du dich bitte schon mal um sie und beruhigst sie? Ihrem Kätzchen fehlt rein gar nichts. Aber du weißt, sie macht sich immer fürchterliche Sorgen. Und vergiss nicht, laut und deutlich mit der alten Frau zu reden, sonst versteht sie wieder alles falsch. Danach überlegen wir in Ruhe gemeinsam, was wir unternehmen können, um das Rehkitz zu finden. Minka ist für heute die letzte Patientin.«

Aber da sollte sich Konrad Werber noch irren.

Marie nickte tapfer und ging durch die Tür, die zum Wartezimmer führte. Uta Prehn saß eingesunken auf den weißen Wartezimmerstühlen und sah sehr unglücklich aus. Mit ihren dünnen Ärmchen umklammerte sie eine graue Katzentransportbox, als hüte sie einen wertvollen Schatz. Aus der Box miaute es kläglich.

Marie wusste, dass Frau Prehn schon achtzig Jahre alt war, sie kam regelmäßig in Paps' Praxis. Ihr Mann war vor Jahren gestorben und ihre Katze war seitdem ihr Ein und Alles.

»Fräulein Werber, wie gut, dass Sie kommen. Ich muss sofort Ihren Herrn Papa sehen!«, sagte sie mit dünner Stimme. Ihre Hände zitterten und Marie war sich nicht sicher, ob es am Alter oder der Aufregung lag. »Meine Minka bekommt bald Junge und braucht die Hilfe des Herrn Doktor!«

Frau Prehn hatte Dr. Werber in den letzten Wochen jeden Tag über den Zustand ihrer Katze auf dem Laufenden gehalten. Er hatte ihr am Telefon tausend Mal versichert, dass Minka ihre Jungen ganz ohne seine Hilfe auf die Welt bringen würde. Aber jetzt war sie mit ihrer miauenden Katze trotzdem gekommen. Entweder hatte sie Paps falsch verstanden oder sie machte sich wieder unnötige Sorgen.

Marie war ein wenig gereizt. Mit ihrer übertriebenen Angst um ihre kerngesunde Katze stahl Frau Prehn dem verletzten Rehkitz wertvolle Zeit. Zeit, die es das Leben kosten konnte. Beim Gedanken, dass das blutende Kitz irgendwo da draußen hilflos durch den Wald irrte, krampfte sich Maries Bauch schmerzhaft zusammen. Trotzdem tat ihr die alte einsame Frau sehr leid und sie bemühte sich, besonders freundlich zu sein.

»Frau Prehn, mein Vater kann sich erst später um Minka kümmern, er operiert noch. Warum haben Sie Minka zu uns in die Tierklinik gebracht?«, rief sie laut und formulierte jedes Wort überdeutlich, fast so, als wollte sie es buchstabieren.

»Katzen wollen, wenn sie Junge bekommen, ungestört sein und verkriechen sich an einen stillen Ort.«

»Oh, ich soll mit ihr wieder fort?«, fragte Frau Prehn und vor Schreck schossen ihr die Tränen in die Augen.

»Nein, Frau Prehn. Ich sagte nur, an einen stillen ORT, Katzen wollen zur Geburt ihrer Jungen an einen stillen ORT.« Frau Prehn nickte, aber Marie war sich nicht sicher, ob die schwerhörige Frau sie verstanden hatte.

»Hörst du, wie kläglich Minka miaut?! Sie hat Schwierigkeiten, sie wird sterben.« Frau Prehn ließ ihren Tränen jetzt freien Lauf.

Marie nahm ihr vorsichtig die Katzenbox von den Knien, stellte sie auf einen Stuhl und öffnete sie, um Minka zu untersuchen. Behutsam legte sie ihre Hände an Minkas warmen Körper. Als sie die sanften Tritte der ungeborenen Kätzchen unter der Bauchdecke fühlte, musste sie lächeln. Minkas blaue Augen blickten Marie vertrauensvoll an.

»Sie wird nicht sterben«, beruhigte Marie die aufgelöste Frau und streichelte ihr besänftigend den Arm. »Es ist alles in Ordnung. Ich kann die Kätzchen spüren, sie sind putzmunter.«

Frau Prehn beruhigte sich ein wenig und wischte sich mit einem Taschentuch über die feuchten Augen. Und dann geschah etwas, das Marie für eine Weile sogar die Sorge um das Kitz vergessen ließ.

6. Ein unerwarteter Patient

Minka stand auf, drehte sich einige Male um die eigene Achse und scharrte prüfend an ihrer Decke. Dann legte sie sich wieder hin und Marie beobachtete, wie sich ihr Bauch in kleinen Wellen immer wieder zusammenzog. Minka lag in den Wehen, sie war kurz davor, ihre Jungen zur Welt zu bringen.

»Oh mein Gott, holen Sie Ihren Herrn Vater!«, rief Frau Prehn und sprang für ihr Alter erstaunlich flink von ihrem Sitz.

»Ich verstehe ja, dass es für Sie schwer ist, Ihre Katze in diesem Zustand zu sehen. Aber glauben Sie mir, das ist alles ganz normal«, beschwichtigte Marie sie und drückte Frau Prehn sanft auf ihren Stuhl zurück.

Stracciatella spürte, dass da jemand Trost brauchte, und legte der zitternden Frau liebevoll seine feuchte Schnauze auf den Oberschenkel, aber Frau Prehn bemerkte es gar nicht. Sie hatte nur Augen für ihre Katze.

Als Minka plötzlich anfing, sehr laut zu miauen, und offensichtlich Schmerzen hatte, war Marie verunsichert, ob wirklich alles in Ordnung war. Sie lugte heimlich Richtung Behandlungszimmer und wünschte sich, ihr Vater möge doch endlich kommen. Aber sie blieb tapfer und ließ sich ihre Unsicherheit nicht anmerken.

»Die Fruchtblase ist schon geplatzt – jetzt kann es nicht mehr lange dauern. Es wird alles gut«, meinte sie, und dabei wusste sie selbst nicht so recht, wen sie damit mehr beruhigen wollte: Frau Prehn, die Katze oder sich selbst.

Marie redete der kläglich maunzenden Minka gut zu und streichelte ihr aufmunternd über das getigerte Köpfchen. Und dann passierte es.

»Oh, schauen Sie, da kommt schon das erste Kätzchen!« Marie war furchtbar erleichtert und strahlte vor Entzücken über das winzige Knäuel, das sich soeben ans Licht der Welt kämpfte.

Es dauerte gar nicht lange, da tat Minka das, was eine normale, gesunde Katze nach der Geburt ihrer Kätzchen macht: Sie nabelte den Winzling ab, indem sie die Nabelschnur durchbiss, und leckte ihm das nasse Fell trocken.

Frau Prehn konnte ihre Tränen wieder nicht zurückhalten, aber diesmal waren es Freudentränen.

»Die anderen Katzenkinder werden nicht lange auf sich warten lassen«, sagte Marie und war heilfroh, dass endlich ihr Vater ins Wartezimmer kam.

Er entschuldigte sich bei Frau Prehn, dass er erst noch den Dackel versorgen hatte müssen. Dann schaute er zufrieden in die Box und warf einen stolzen Blick auf seine Tochter.

»Wie ich sehe, hat Minka schon mal ohne mich angefangen. Das sieht doch alles ganz prima aus«, sagte er laut und deutlich, in der Hoffnung, die alte Frau würde ihn verstehen. »Gehen Sie erst mal heim und ruhen Sie sich aus. Mein Arzthelfer Herr Huber wird Sie fahren. Ich überwache die Geburt der anderen Kätzchen und rufe Sie sofort an, sobald alle gesund und munter zur Welt gekommen sind. Morgen bringen wir Ihnen die Kleinen vorbei. Sie müssen sich jetzt überhaupt keine Gedanken mehr machen.«

Frau Prehn nickte erschöpft, aber glücklich, und Marie führte sie zum Wagen, während Dr. Werber Minka und ihr Neugeborenes ins Behandlungszimmer brachte.

»Das hast du sehr gut gemacht, du hast die Situation richtig eingeschätzt und richtig gehandelt«, sagte er lächelnd, als Marie zurückkam, und strich ihr anerkennend über die blonden Haare. »Frau Prehn und ihre Minka in dieser Situation zu beruhigen, war sicher kein Zuckerschlecken. Was würde ich nur ohne dich machen?! Du bist schon eine richtig gute Tierarzthelferin!«

Marie wurde ganz rot vor Stolz.

»Spätzchen, ich rechne noch mit zwei weiteren Jungen. Es kann nicht mehr allzu lange dauern. Ruh dich ein wenig im Wartezimmer aus, ich kümmere mich um Minka, und dann beratschlagen wir, wie es mit dem Reh weitergeht.«

Marie ließ sich müde auf einen der Wartezimmerstühle fallen, stützte ihr Kinn auf die angezogenen Knie und betrachtete den Boden: Ein Bär mit einem dicken Bauch. Ein Mond mit einem Gesicht. Ein Hase, der auf dem Boden kauert. Marie liebte es, in dem Muster des Linoleums Gestalten zu entdecken. Aber heute machte ihr das Spiel keinen rechten Spaß. Das Reh ließ sie einfach nicht los.

Marie verwirrte es, dass sie zwei so widerstreitende Gefühle wie Freude und Sorge auf einmal empfinden konnte. Sie freute sich über Minka und ih-

ren Nachwuchs und konnte es kaum erwarten, die Kleinen in den Händen zu halten. Und gleichzeitig lasteten ihr die »Wie sollen wir nur das Reh finden?«-Gedanken und all die »Lebt es noch und wie geht es ihm?«-Fragen schwer auf der Seele.

»Was meinst du?«, fragte sie ihren Hund. »Werden wir das Reh finden?«

Stracciatella hörte auf, eine Praxisbroschüre zu zerfleddern, und schaute sie an. Er legte den Kopf schief, erst auf die eine, dann auf die andere Seite, danach senkte er ihn.

»Was sollte das denn jetzt bitte heißen?«, fragte Marie. »Hast du genickt oder mit dem Kopf geschüttelt?«

Ein Schauder lief über seinen wuscheligen Körper. Er schien alle Körperteile gleichzeitig zu schütteln: seinen Schwanz, seine Beine und seinen Kopf. Dann sprang er plötzlich auf, rannte an die Eingangstür der Praxis und bellte, als verberge sich dahinter die Antwort auf Maries Frage.

Marie sprang auf und stürzte hinterher. Und gerade, als es an der Tür läutete, riss Marie sie auf. Und traute ihren Augen nicht. Was sie sah, verschlug ihr die Sprache. Stracciatella hatte recht gehabt, als er den Kopf geschüttelt und gleichzeitig genickt hatte. Sie würden das Reh nicht finden. Denn ein anderer hatte es bereits gefunden.

Ganz sacht hatte sich die Nacht am Himmel breitgemacht und die Dunkelheit verschluckte die Gestalt vor der Türe fast. Dennoch erkannte Marie sofort, wer da vor ihr stand. Markus Roth, der Sohn des Dorfpolizisten. Der blonde Junge aus der Klasse über ihr, dem die Mädchen an ihrer Schule diesen besonderen Blick zuwarfen. Das war ihr in der großen Pause auf dem Schulhof aufgefallen. Aber im Gegensatz zu den anderen Mädchen mochte sie ihn nicht besonders. Diesen Angeber, der sein chromblitzendes Mountainbike so sehr liebte, dass er es bei Wind und Wetter mit in die Schule brachte und jeden wissen ließ, wenn er wieder eine neue Klingel bekommen hatte oder neue Reifen. Egal ob man es hören wollte oder nicht.

Aber jetzt wäre sie ihm vor Freude und Erleichterung am liebsten um den Hals gefallen. Mit der rechten Hand hielt er sein Rad, an der linken führte er das Reh, das immer noch die Kette um den Hals hatte. Verlegen grinste er Marie an. Ihm schien die Situation peinlich zu sein, denn seit der Kaninchensache schuldete er Marie noch etwas. Das war vor einem Monat gewesen und Marie konnte sich noch genau daran erinnern:

Markus war mit Karlchen, seinem Hasen, in die Praxis gekommen. Maries Vater operierte gerade eine angefahrene Katze und Marie sah sich das niedliche Kaninchen mit den schwarzen Funkelaugen schon mal an. Markus machte sich Sorgen um Karlchen, da er auf einmal damit angefangen hatte, sich büschelweise das Fell auszurupfen.

»Er hat irgendeine merkwürdige Krankheit und ich habe Angst, Karoline, mein anderes Kaninchen, könnte sich anstecken«, sagte er.

»Komisch«, wunderte sich Marie und zog die Augenbrauen hoch. »Er sieht gar nicht krank aus, nur ein wenig zerrupft. Und für ein krankes Kaninchen ist er ausgesprochen gut im Futter.« Sie strich ihm sanft durch das watteweiche weiße Fell.

»Du sagst, er rupft sich das Fell? Frisst er denn normal?«, wollte Marie wissen.

Markus nickte.

Marie konnte sich ein Grinsen nicht verkneifen. »Ich bin mir ziemlich sicher, dass Karlchen Karoline nicht anstecken kann.«

»Du weißt, was ihm fehlt? Ist es etwas Schlimmes,

wird er daran sterben?«, fragte Markus und vor Aufregung bildeten sich rote Flecken auf seinen Wangen.

Es gefiel Marie, dass er sich um sein Kaninchen solche Sorgen machte und offensichtlich sehr an ihm hing. Vielleicht war er ja doch ganz nett. Sie schüttelte den Kopf: »Karlchen ist nicht krank, ganz im Gegenteil, er bekommt Junge! Kaninchen rupfen sich Haare aus, wenn sie trächtig sind, um damit ein weiches Nest für ihre Babys zu bauen.«

Markus machte ein Gesicht wie ein Huhn, dem eine Schnecke quer im Hals steckt. »Da irrst du dich. Das kann nicht sein, ich sagte doch: Karlchen ist ein Männchen!«

Marie ärgerte sich darüber, dass er ihr misstraute: »Okay, lass uns wetten. Wenn mein Vater das Gleiche sagt wie ich ...«

»... dann helf ich dir und eurem Herrn Huber einen Tag bei der Arbeit in den Ställen«, fiel er ihr ins Wort. »Und wenn du verlierst, musst du mein Fahrrad putzen. Aber blitzblank. Viel Spaß schon mal, denn ich gewinne eh.«

Was für ein Sturkopf, dachte Marie, als Dr. Werber wenig später das Kaninchen auf den Behandlungstisch setzte, um es gründlich zu untersuchen.

Warum habe ich mich bloß auf diese idiotische Wette eingelassen. Aber jetzt war es zu spät.

»Gratuliere, junger Mann.« Dr. Werber lächelte Markus zu, während er sanft den dicken Bauch des Kaninchens betastete. »Ich hoffe, du hast einen großen Kaninchenstall. Du wirst nämlich in ein paar Tagen einen ganzen Schwung Kaninchen besitzen.«

»Das gibt's doch nicht! Karlchen ist wirklich ein Weibchen und bekommt Nachwuchs?!«, rief Markus überrascht und machte große Augen. »Dann ist Karoline ein Männchen?! Wow, ich bekomme kleine Kaninchen, cool!«

Als Marie Markus einen Blick zuwarf, konnte sie ein Lächeln nicht unterdrücken.

»Sieht so aus, als hättest du die Wette gewonnen«, sagte Markus kleinlaut und Dr. Werber sah Marie fragend an.

»Markus wollte mir nicht glauben, dass Karlchen trächtig ist, also haben wir gewettet, und jetzt hilft er uns einen Tag in den Ställen.«

Dr. Werber hatte nichts dagegen. Aber seit dem Tag war Markus nicht mehr in der Tierklinik aufgekreuzt.

»Marie, das Reh habe ich auf meiner Radtour durch den Wald gefunden«, unterbrach Markus ihre Gedanken.

Das Kitz zitterte am ganzen Körper und konnte sich kaum noch auf den Beinen halten.

»Es hing mit der Kette an einem Busch fest. Das Ding hatte sich in den Ästen verfangen. Ich schätze, es braucht dringend die Hilfe deines Vaters«, sagte Markus, und als Marie ihn direkt musterte, liefen seine Ohren rot an.

Marie tat so, als bemerkte sie es nicht. »Komm rein. Ich glaube, jetzt ist ein günstiger Zeitpunkt, deine Wette einzulösen. Wir können deine Hilfe sicher gut gebrauchen.«

# 7. Wettschulden sind Ehrenschulden

Als Erstes gab Dr. Werber dem völlig verstörten Kitz eine schmerzstillende Spritze und ein Beruhigungsmittel, damit er sich die Verletzung am Hals besser ansehen konnte.
Die Kette hatte sich tief in die Haut gefressen und die Wunde blutete noch.

Marie war den metallischen Geruch von Blut, der sie an die Rohre unter der Küchenspüle erinnerte, gewöhnt. Nur Markus wurde jetzt ein bisschen blass um die Nase, aber er versuchte, sich nichts anmerken zu lassen. Tapfer half er Marie, das Kitz, das immer wieder heftig strampelte, auf dem Behandlungstisch festzuhalten.

»Ich kann mir überhaupt keinen Reim darauf machen, woher das Reh die Kette hat. Wie kann man ein unschuldiges Geschöpf derart quälen? Wer einem Tier so etwas antut, gehört sofort eingesperrt!«, schimpfte Dr. Werber, während er versuchte, mit einer Zange die Glieder der Kette zu zerschneiden. Vor Anstrengung lief ihm der Schweiß in kleinen Rinnsalen über die erhitzte Stirn und es dauerte eine ganze Weile, bis er das arme Reh endlich von seiner Fessel befreit hatte. Wütend warf er sie in den Müll.

Das Kitz hatte sich ein wenig beruhigt, zitterte aber immer noch. Aus großen schwarzen Augen sah es Marie flehentlich an.

»Ruhig, ganz ruhig, du brauchst keine Angst zu haben. Paps ist der beste Tierarzt der Welt. Du wirst sehen, bald geht es dir wieder besser.« Marie redete mit sanfter Stimme auf das verängstigte Kitz ein. Behutsam streichelte sie ihm das Fell und sah sich dabei die Verletzung genauer an. Der Hals war um die Wunde herum stark geschwollen. Marie wusste, dass das ein Anzeichen für eine Infektion war. Wenn man die nicht schnell behandelte, konnte das Kitz daran sterben.

»Marie, wir müssen die Wunde gründlich desinfizieren«, sagte ihr Vater, während er eine Antibiotikum-Spritze aufzog.

Marie holte ein Fläschchen mit Desinfektionsmittel, gab ein paar Tropfen davon auf einen sterilen Wattebausch und betupfte damit vorsichtig die Wunde rund um den Hals.

Das Reh zuckte zusammen, aber Markus hatte es sicher im Griff. Als Marie für einen Moment zu ihm hochsah, trafen sich ihre Blicke und Markus bekam sofort wieder rote Ohren. Sie fragte sich, warum sie ihn plötzlich gar nicht mehr so doof fand. Weil er sich beherzt für das Reh einsetzte? Oder weil er diesmal zurückhaltend, ja fast schon schüchtern wirkte? Vielleicht war ihm die Kaninchensache damals auch nur so peinlich gewesen, dass er sich nicht mehr hergetraut hatte.

Seine Augen lagen jetzt wieder schwer auf dem Kitz, als würde es ihn unendlich viel Kraft kosten, sie auf Maries Gesicht zu richten.

»Na, Markus, du machst dich als Tierarzthelfer prima. Jetzt kommst du ja doch noch dazu, deine Wettschulden einzulösen.« Dr. Werber zwinkerte ihm zu, während er dem Kitz die Spritze gab und anfing, die Wundränder zu veröden.

Marie beobachtete, wie zerknirscht Markus auf das Reh starrte, und er tat ihr leid. »Aber Paps, die hat er doch längst beglichen«, behauptete sie. »Letzte Woche hat er Steffen den ganzen Nachmittag geholfen, Boxen zu misten.«

Markus sah sie überrascht an. Zum Glück steckte jetzt wie aufs Stichwort Herr Huber den Kopf zur Praxistür herein und Dr. Werber hakte nicht weiter nach.

»Guten Abend allerseits, und hallo, meine Süße!« Er lächelte Marie zu und hob zum Gruß seine Schiebermütze ein wenig an. »Oh, da habt ihr aber noch einen späten Patienten, sieht ja gar nicht gut aus.« Er pfiff leise durch die Zähne. »Herr Doktor, ich bin in den Ställen fertig, wird meine Hilfe noch gebraucht?«

»Es tut mir leid, Steffen, aber kannst du unserem Neuzugang hier noch eine Box herrichten?«, fragte Dr. Werber, während er dem Kitz vorsichtig eine Wundsalbe auftrug. »Ich bin hier gleich fertig, es dauert nicht mehr lang ...«

»Das können doch auch wir machen«, fiel ihm Marie ins Wort.

»Ja, das ist überhaupt kein Problem«, pflichtete Markus ihr bei.

»Aber ihr müsst unserem kleinen Patienten auch noch das Fläschchen geben. Es ist wichtig, dass er so schnell wie möglich etwas Milch bekommt«, gab Dr. Werber zu bedenken.

»Paps, wir sind doch zu zweit, das schaffen wir

schon«, sagte Marie und zwinkerte Markus verschwörerisch zu.

»Also gut, Steffen. Dann kannst du Feierabend machen. Danke für deine Hilfe.«

»Halt, Steffen, einen Moment noch!«, rief Marie. »Rufst du bitte kurz Maike an? Sie muss wissen, dass Markus das Reh gefunden hat und es lebt. Bis wir das Kitz versorgt haben, ist es sicher schon zu spät, und sie soll sich nicht noch weiter Sorgen machen. Ich erzähl ihr dann morgen alles in der Schule.«

»Klar, meine Kleine, wird gemacht. Und ihr päppelt schön das arme Wildtierchen auf«, meinte Steffen und warf Marie beim Rausgehen eine Kusshand zu.

»Was meinst du, Paps, wird das Kitz wieder gesund?«, fragte Marie bekümmert, während Dr. Werber es vorsichtig vom Behandlungstisch hob.

»Ich hoffe schon«, meinte ihr Vater. »Er scheint ein zäher kleiner Bursche zu sein. Aber er ist noch sehr geschwächt und dünn. Wenn er schnell anfängt zu fressen und wieder an Gewicht zulegt, sollte er es schaffen. Es liegt jetzt mit an euch. Die entscheidende Frage ist, ob es euch gelingt, ihm etwas Milch einzuflößen. Ich fürchte aber, das wird nicht einfach werden. Wenn Tiere solch schlechte Erfahrungen mit Menschen gemacht haben, ist es schwierig, ihr Vertrauen zu gewinnen. Ich behalte ihn noch hier in der Praxis und gebe ihm eine Aufbauspritze, bis ihr ihm sein Nachtlager bereitet habt.«

Es war still geworden auf dem Hof der Werbers. Stall, Reithalle und Scheune waren in helles Mondlicht getaucht. Wie drei riesige weiße Schuhkartons lagen sie vor den nachtschwarzen Wiesen und Feldern.

Marie und Markus traten in die breite, ordentlich gefegte Boxengasse. Die Pferde waren von Herrn Huber mit Kraftfutter versorgt worden und man hörte nur das zufriedene Mahlen ihrer Zähne.

Marie genoss es, abends durch die Ställe zu streifen. Sie liebte diese Stille, den herrlichen Duft von frischem Heu, Stroh und Pferd. Wie oft hatte sie hier schon mit Steffen Boxen gemistet, Pferde gefüttert oder gestriegelt. »Irgendwann richte ich dir auch eine Box her«, zog er sie immer auf. »Du verbringst ja eh mehr Zeit im Stall als in deinem Zimmer.«

Marie und Markus streuten frisches Stroh in eine leere Box und füllten die Raufe mit süßlich duftendem Heu.

»So, fertig«, sagte Marie und klopfte sich den Staub von der Jeans. »Jetzt können wir den kleinen Kerl ins Bettchen bringen.«

Markus hatte einen Strohhalm aufgehoben und knetete ihn nervös zwischen den Fingern. Draußen auf dem Hof näherten sich schwere Schritte und Stracciatella spitzte die Ohren.

»Ich wollte dir noch was sagen«, druckste Markus und tätschelte Stracciatella verlegen den Kopf. »Also ich fand das jedenfalls klasse von dir.«

Marie sah ihn fragend an. »Was meinst du?«

Markus war die Situation sichtlich unangenehm und Marie merkte, dass er seinen ganzen Mut zusammennehmen musste.

»Also, ich fand's toll, dass du deinem Vater nicht verraten hast, dass ich meine Wette nicht eingelöst habe«, nuschelte er so leise, dass sie ihn kaum verstand. »Du hättest nicht für mich lügen müssen. Ich meine, wenn mir gegenüber jemand so eine große Klappe gehabt hätte wie ich und dann nicht mal den Mut hat, seine Wette einzulösen ... also ich würde ihn nicht auch noch verteidigen.«

»Du hast mir leidgetan«, sagte Marie. »Ich hab dir angesehen, dass es dir peinlich war.«

Markus blickte sie überrascht an.

»Aber ehrlich gesagt hab ich schon ein schlechtes Gewissen, weil ich Paps was vorgeflunkert habe«, sagte Marie und wickelte sich bedrückt eine Haarsträhne um den Finger.

»Weißt du was? Ich werde dir in den nächsten Tagen mit dem Reh helfen, wenn du magst«, schlug Markus vor. »Ich möchte meine Wettschulden wirklich begleichen. Und ich rede mit Herrn Huber, damit er deinem Vater gegenüber dichthält. Ich erkläre eurem Tierpfleger die ganze Sache – großes Ehrenwort.«

Wenn Marie wie jetzt angestrengt nachdachte, hatte sie eine lustige Art, die Nase zu kräuseln. Wie der Rücken einer kleinen Raupe sah das aus.

»Ich verspreche es dir«, wiederholte Markus.

Als Marie endlich einwilligte, strahlte er erleichtert.

Die Schritte hatten jetzt die Stalltür erreicht und Stracciatella sprang Dr. Werber und dem Rehbock freudig entgegen. Vorsichtig bugsierte der Tierarzt das Kitz in die Box.

»Du musst draußen bleiben«, sagte er entschuldigend zu Stracciatella und schob ihn sanft zurück in die Boxengasse. Doch Stracciatella ließ sich nicht so leicht abwimmeln und versuchte, Dr. Werber durch die Beine zu schlüpfen. »Hey, bleibst du hier! Der Kleine ist so verängstigt, ein Hund würde ihn jetzt nur noch zusätzlich erschrecken.«

Stracciatella wollte nicht lockerlassen, doch der Tierarzt zog ihn abermals am Halsband aus der Box. Dann schloss er hinter sich die Tür und drückte Marie einen Schoppen mit warmer Milch in die Hand. Doch das Kitz sank sofort erschöpft ins Stroh und schlief ein.

»Oje, er hat doch noch gar nichts getrunken«, seufzte Marie. »Ich fürchte, das wird eine lange Nacht.«

8. Ein neuer Freund

Der Schulunterricht erschien Marie endlos und grau wie ein langer Regentag. Vor Müdigkeit fielen ihr fast die Augen zu und sie hatte Mühe, sich zu konzentrieren. Marie war eine ehrgeizige Schülerin. Schließlich wollte sie eines Tages Tierärztin werden und dafür brauchte man gute Noten. Aber heute schweiften ihre Gedanken immer wieder zu dem Reh.

Die halbe Nacht hatte sie mit Markus bei ihm im Stroh gesessen und gehofft, ihm etwas von der Milch einflößen zu können. Aber es hatte die meiste Zeit geschlafen. Wenn es kurz aufgewacht war, war es ängstlich vor dem Schoppen zurückgezuckt oder hatte ihn mit seiner weichen schwarzen Schnauze unwillig fortgestoßen. Es wollte nicht trinken. Und auch das frische Heu hatte es keines Blickes gewürdigt.

»Marie, um Himmels willen, wisst ihr eigentlich, wie spät es ist?« Irgendwann war Verena Werber im Nachtmantel mit Stracciatella im Schlepptau in den Stall gekommen, um sie ins Bett zu holen. »Markus' Vater hat bei uns angerufen. Er hat ihn schon überall gesucht und sich fürchterliche Sorgen gemacht. Ihr müsst jetzt wirklich schlafen.«

»Aber das Reh, Mami, es hat immer noch nicht getrunken, es wird doch sonst sterben!«, hatte Marie gerufen und die Tränen waren ihr in die Augen geschossen.

»Schätzchen, du hast morgen Schule, du solltest schon seit Stunden im Bett sein. Steffen kommt morgen früher und wird sich als Erstes um das Kitz kümmern, er hat es versprochen. Aber ihr müsst jetzt schlafen.«

Unwillig hatten sich die beiden von ihr aus dem Stall ziehen lassen und Markus hatte versprochen, am nächsten Tag gleich nach der Schule wiederzukommen.

In der großen Pause auf dem Schulhof sog Maike wissbegierig alle Neuigkeiten in sich auf wie ein trockener Schwamm. Alles, was gestern noch vorgefallen war, musste Marie ihr haarklein erzählen.

»So, so, der Mountainbike-Angeber ist auf einmal nett?!«, schnaubte Maike verächtlich und zog ihre Sommersprossen-Stirn kraus.

»Hm«, machte Marie und starrte in ihren heißen Kakao, als gebe es darin etwas äußerst Faszinierendes zu beobachten.

»Na, davon muss ich mich erst noch höchstpersönlich überzeugen, bevor ich das glaube«, meinte Maike etwas schnippisch und warf energisch ihre Eichhörnchenhaare über die Schulter.

Marie merkte es deutlich: An ihrer Freundin nagte die Eifersucht wie eine hungrige Maus an frischem Käse. Sie war eifersüchtig, dass ein anderer das Reh gefunden hatte. Eifersüchtig, dass ein anderer in der Praxis geholfen und im Stall Wache gehalten hatte. Eifersüchtig, dass Markus dort gestern ihren Platz eingenommen hatte.

Marie kannte dieses gemeine Gefühl nur zu gut. Diesen kleinen fiesen Biss ins Herz. Und es tat ihr fürchterlich leid. Aber es ging gestern einfach alles viel zu schnell, als dass sie Maike noch rechtzeitig hätte in die Tierklinik holen können. Vielleicht hatte Maike sogar Angst, Markus könnte ihr den Platz an Maries Seite streitig machen. Was natürlich völliger Unsinn war.

Auch wenn Maike versuchte, sich nichts anmerken zu lassen, wirkte sie gekränkt. Gefühle zu verbergen, gehörte nicht gerade zu ihren Stärken. Die ganze Mathe-Stunde über starrte sie mit leerem Blick auf die Zahlen an der Tafel und knetete angespannt ihr Ledermäppchen, als wollte sie es erwürgen. Sie wusste, dass es albern ist, eifersüchtig zu sein. Aber manchmal ist man albern, auch wenn man es nicht will.

Erst in der letzten Stunde schluckte Maike ihre Enttäuschung runter wie bitteren Hustensaft und flüsterte Marie zu, dass sie ihr natürlich mit dem Reh helfen werde. Sie verabredeten sich nach dem Essen im Stall.

Endlich. Das schrille Klingeln der Schulglocke durchschnitt die Luft. Marie packte eilig ihre Bücher zusammen, stürzte nach Hause und sofort in den Stall. Steffen stützte sich traurig auf den Stiel seiner Mistgabel, schaute sie müde an wie ein alter Hund und schüttelte den Kopf.

»Oh nein!« Marie ließ kraftlos ihren Schulranzen in die Boxengasse fallen. »Es hat immer noch nichts getrunken?! Dann wird es sterben, oder?«, fragte sie mit brüchiger Stimme und bemerkte vor Kummer

74

gar nicht, dass Stracciatella zur Begrüßung schwanzwedelnd an ihr hochsprang.

»Die Wunde sieht gut aus, hat dein Vater gesagt. Aber getrunken hat das Kitz keinen Tropfen. Ihm bleibt nicht mehr viel Zeit. Und ich bin mit meinem Latein am Ende.« Herr Huber nahm seine Mütze vom Kopf und fuhr sich erschöpft und ratlos durch die blonden Haare. »Ich habe den ganzen Vormittag mit ihm geredet, aber es wollte von mir und der Milch nichts wissen.«

Steffen sprach immer mit allen Patienten, die zu Dr. Werber auf den Hof kamen. Er war überzeugt, dass sie jedes seiner Worte verstanden. »Es fördert den Heilungsprozess, wenn man sich mit den Tieren unterhält« – darauf beharrte er, auch wenn ihn viele Menschen deshalb für verrückt hielten.

Marie setzte sich zu dem Kitz ins Stroh, schmiegte sanft ihren Kopf an seine Schulter und flüsterte: »Du darfst nicht sterben, hörst du?! Du musst wieder gesund werden. Du musst trinken.« Dabei liefen ihr die Tränen über die Wangen.

Beim Mittagessen herrschte bedrückte Stille. Marie bekam keinen Bissen herunter. Das Schlucken fiel ihr schwer. Noch immer fühlte es sich an, als ständen ihr die Tränen bis zum Scheitel, als brauchte es nur ein falsches Wort, damit sie ihr wieder aus den Augen schossen. Lustlos stocherte sie in ihren Spaghetti, die sich auf einmal wie weiße Würmer auf ihrem Teller zu kringeln schienen.

»Schätzchen, du musst was essen, du siehst schon ganz blass aus«, mahnte Mama und streichelte ihr tröstend über die Wange. »Komm, sonst verfüttere ich deine Pasta an Stracciatella«, scherzte sie, um ihre Tochter aufzumuntern. Sie nahm in gespieltem Ernst Maries Teller und hielt ihn neben das Tischbein. »Hier, Stracciatella!« Sie stockte und sah sich suchend um. »Stracciatella? Wo ist der eigentlich?«

Erst da fiel Marie auf, dass er nicht wie gewohnt neben dem Tisch saß und ihre Bissen zählte. Sie schreckte aus ihrem Kummer auf. Wie hatte sie vor lauter Sorge um das Reh nur ihren besten Freund so vernachlässigen können? Marie schämte sich und sprang aufgeregt vom Tisch auf, um ihn zu suchen.

»Stracciatella, wo bist du?«, rief sie – aber er kam nicht. »Stracciatella!?«

Sie durchsuchte ihr Zimmer, schaute unter das Bett, unter die Couch im Wohnzimmer, sie durchstöberte den Keller, den Dachboden. Nichts.

»Schatz, willst du gar nichts essen? Stracciatella

kann doch nicht weit sein!«, rief jetzt auch ihr Vater besorgt hinter ihr her, aber sie war schon aus dem Haus gerannt.

»Stracciatella ist verschwunden!«, rief sie Maike entgegen, die wie immer mit einem Affenzahn auf den Hof geradelt kam.

»Auch das noch«, stöhnte sie, warf ihr altes Rad mit Karacho in den Vorgarten und half Marie beim Suchen.

»Stracciatellaaaaaa!!!!!!!«

Fieberhaft suchten sie in der Scheune, auf den Koppeln, in der Reithalle – nichts. Stracciatella blieb wie vom Erdboden verschluckt.

»Steffen, hast du Stracciatella gesehen?«, fragte Marie atemlos, als sie in den Stall gerannt kam, und ballte vor Aufregung ihre Fäuste.

Der Tierpfleger lehnte am Eingang der Rehbox und strahlte breit über sein rundes Gesicht. »Gerade hab ich ihn entdeckt. Kommt schnell, das müsst ihr euch ansehen. Du scheinst beim Rausgehen aus der Box nicht bemerkt zu haben, dass da jemand zu unserem Reh gewitscht ist«, sagte Steffen. »Sieht ganz so aus, als ob Stracciatella einen neuen Freund hat.«

Die Mädchen starrten ungläubig auf das Bild,

das sich ihnen bot. Dann strahlten sie sich erleichtert an. Maike war glücklich, dass sie wieder an Maries Seite war und diesen Moment mit ihr erleben durfte: Seelenruhig, als sei es das Natürlichste auf der Welt, lag Stracciatella eng angeschmiegt hinter dem Reh. Seine Schnauze hatte er dem friedlich schlafenden Kitz zärtlich auf den Rücken gelegt. Aus wachen Augen blinzelte er Marie zu, als wollte er sagen: *Lasst mich nur machen. Zu mir hat euer Patient Vertrauen, ich bin ja schließlich kein Mensch! Und ich bin ein toller Rehmutter-Ersatz.*

»Vielleicht ist das die Lösung«, überlegte Steffen laut und kratzte sich nachdenklich hinter dem Ohr. »Was wenn das Reh aus Misstrauen uns Menschen gegenüber nicht trinken wollte? Oder aus Einsamkeit, weil ihm seine Mutter fehlte? Marie, schnell, hol Milch! Ich will es noch mal versuchen.«

Als Steffen mit dem Schoppen zu den beiden trat, wachte das Kitz auf und sah ihn aus großen Augen ruhig an. »Komm her, mein Kleiner, Onkel Steffen hat was besonders Feines für dich«, schmeichelte er mit sanfter Stimme und hielt ihm das Fläschchen direkt vor das Mäulchen.

Marie griff nach Maikes Hand und drückte sie vor Anspannung, bis ihre Knöchel ganz weiß wurden. Aber das Kitz rührte sich nicht von der Stelle, sah Steffen nur fragend an und unternahm keinerlei Anstalten zu trinken.

Stracciatella gab ein leichtes Seufzen von sich, was sich anhörte wie »Muss ich mich hier um alles alleine kümmern?«, und leckte dem Kitz aufmunternd und zärtlich die Öhrchen.

Und dann geschah das, was keiner mehr zu hoffen gewagt hatte: Das Rehböcklein begann, gierig und laut schmatzend zu trinken.

9. Herr Huber ist der Beste

Bis auf den letzten Tropfen hatte das Kitz die Flasche leer genuckelt, sich wieder eng an Stracciatella gekuschelt und beide waren zufrieden eingeschlafen.

Sachte schlossen die Mädchen die Boxentür, um die beiden nicht aufzuwecken. Die Freundinnen waren so glücklich, dass sie am liebsten die ganze Welt umarmt hätten. Das Kitz war über den Berg! Freudestrahlend wuschen sie in der Sattelkammer das Fläschchen aus und beschlossen, zur Krönung des Tages auszureiten.

Als sie zurück in die Boxengasse traten, verfinsterte sich Maikes Miene schlagartig. Auf einmal war da diese Stimme, die sie wie eine kleine Faust im Magen traf. Der Mountainbike-Angeber stand mit Herrn Huber an der Stalltür und redete schüchtern auf ihn ein. Dass er schon wieder hier war, gefiel

Maike gar nicht! Auch wenn sie sich albern vorkam, stand ihr das Wort Eifersucht giftgrün auf die Stirn geschrieben.

Marie erkannte sofort, was mit ihrer Freundin los war. Sie hakte sich bei ihr unter und drückte sie fest an sich, was Maike mit einem dankbaren Lächeln quittierte.

Markus' rot glühende Ohren verrieten Marie, dass er am liebsten im Erdboden versunken wäre. Irgendetwas musste er gesagt haben, dass Herrn Huber aufbrachte.

»Ich soll also für euch lügen!«, polterte er kopfschüttelnd und machte ein Gesicht, als wäre ihm Markus auf die Zehen getreten. Der musste schwer schlucken, traute sich jetzt gar nicht mehr, etwas zu sagen, und starrte verlegen auf seine Fußspitzen.

Marie wusste, dass Steffen Huber einem nie wirklich böse sein konnte. Er spielte mit Markus wie die Katze mit der Maus, um ihn ein wenig hinzuhalten. Schließlich konnte er nicht einfach so nachgeben, ohne an Respekt zu verlieren.

Es dauerte auch nicht lange, da erlöste er den Jungen aus der quälenden Situation: »Also gut. Ich halte dem Herrn Doktor gegenüber dicht. Mit mir altem Zausel kann man es ja machen. Nachdem die

Mädels hier schon ihr übergewichtiges, träges Pony nach mir benannt haben, kann mich eh nichts mehr erschüttern!« Er lachte gutmütig und Markus schien ein ganzer Berg Steine von der Seele zu kullern. »Aber unter zwei Nachmittagen Boxenmisten kommst du mir aus der Nummer nicht raus. Kannst sofort anfangen«, meinte Steffen und drückte ihm eine Mistgabel in die Hand.

Markus nickte erleichtert und rollte demonstrativ seine Hemdsärmel hoch.

»So beschäftigt, wie der Doktor ist, wird er so bald nicht nachfragen. Und wenn, hast du deine Wettschulden bis dahin längst beglichen und keiner muss mehr flunkern«, sagte Herr Huber zufrieden und klopfte Markus freundschaftlich auf die Schultern.

»Huberchen, du bist einfach der Beste! Danke!« Marie strahlte und umarmte ihn stürmisch. Sie freute sich, dass Markus gekommen war und sein Versprechen gehalten hatte, und lächelte ihm dankbar zu.

Markus lächelte zurück und drückte stolz ein wenig die Brust raus.

»Maike kennst du ja von der Schule«, stellte Marie ihre Freundin vor und die setzte das unfreundlichste Gesicht auf, das ihr zur Verfügung stand. Dann fiel Maikes Blick auf den Picknick-Korb der neben Markus' Beinen stand.

»Wenn du jetzt Boxen mistest, wird's aber nichts mehr mit deinem Picknick-Ausflug!«, sagte sie spöttisch.

»Hatte ich auch gar nicht vor«, erwiderte Markus ruhig. »Ich wollte euch nur etwas zeigen.«

Er öffnete den Deckel und gab den Blick frei auf Karlchen und sechs entzückende, watteweiche Kaninchenkinder. Zwei waren weiß wie Karlchen, eines war fast schwarz, die restlichen drei waren schwarz-weiß gepunktet.

»Oh verdammt, sind die niedlich!« Maike vergaß augenblicklich ihren Groll und schmolz dahin wie ein Stück Butter in der Sonne.

»Ich finde sie auch absolut cool!«, sagte Markus mit väterlichem Stolz und wandte sich an Marie. »Auch wenn es mir nicht leichtfällt, sie herzugeben, wollte ich fragen, ob du vielleicht welche haben möchtest?« Er drückte Marie ein gepunktetes Knäuel in die Hand. »Als kleines Dankeschön, weil du mich gestern nicht hast hängen lassen. Außerdem weiß ich, dass sie es bei niemand besser hätten als bei dir.«

»Erst ein Hund, jetzt zwei Kaninchen, dein Vater wird begeistert sein!«, sagte Herr Huber schmunzelnd. »Aber meinen Segen hast du, Prinzessin. Ich baue dir gerne einen Eins-a-Kaninchenpalast. Du solltest die schwarz-weiß Gepunkteten nehmen, die passen am besten zu deinem Stracciatella.« Grinsend öffnete er die nächste Pferdebox und setzte seine Arbeit fort.

»Du kannst dir auch welche aussuchen, wenn du magst«, schlug Markus Maike vor.

Die war sofort Feuer und Flamme, konnte sich aber nicht entscheiden, welche Kaninchenbabys sie wählen sollte. Am liebsten hätte sie alle genommen.

»Ich hätte furchtbar gerne zwei. Sie sind so umwerfend!« Marie strahlte Markus an. »Wir müssen aber erst unsere Eltern fragen. Hoffentlich erlauben sie es.«

Als Marie das seidenweiche Fell der Kaninchen streichelte, spürte sie plötzlich, wie die Anspannung der letzten Stunden von ihr abfiel und sich die Müdigkeit in ihre Glieder schlich. Marie gab dem gepunkteten Kaninchenkind einen Kuss auf die getupfte Nase und setzte es vorsichtig zurück in den Korb zu Karlchen.

»Seid mir nicht böse, wenn ich euch jetzt allein

lasse. Aber ich muss erst was essen und mich ein wenig aufs Ohr hauen. War alles ein bisschen viel in den letzten Tagen. Markus, dir viel Spaß mit Steffen Huber«, meinte Marie grinsend. »Maike, wir sehen uns dann zum Ausreiten.« Sie winkte den beiden zu und verließ müde den Stall. Müde, aber überglücklich.

Später am Nachmittag, nach einem großen Teller Spaghetti und einer Mütze Schlaf, fühlte sich Marie wie neugeboren. Sie genoss den Ausritt auf Herrn Huber in vollen Zügen.

»Okay, du hattest recht, Markus ist gar nicht so übel«, gab Maike zu, presste dem Pony ihre Schenkel an den Bauch und schnalzte mit der Zunge, damit es antrabte.

Sie passierten den Fischweiher, der wie zerknitterte Alufolie in der Sonne glitzerte, und Stracciatellas Ohren flatterten lustig im Wind.

»Sag ich doch.« Marie grinste und stieß Maike spielerisch den Ellenbogen in die Rippen. »Aber das behauptest du ja jetzt eh nur wegen der Kaninchen.«

»Nein, ehrlich, ich finde ihn ganz passabel. Das

Tollste hab ich dir ja noch gar nicht erzählt«, sagte Maike und drehte sich zu ihr um. »Ich darf zwei Kaninchen haben! Ich nehm ein schwarzes und ein weißes! Hast du Väterchen Werber auch rumgekriegt?«

Marie schüttelte den Kopf. »Nein, er war vorhin in der Praxis, ich hab ihn noch gar nicht gesehen. Aber Huberchen hat recht. Jetzt wo ich Stracciatella hab, wird's sicher nicht einfach, ihn zu überzeugen.«

Es war drückend schwül und eine schläfrige Stille lag über den Feldern und Wiesen.

Marie blinzelte skeptisch in den Himmel. »Dahinten ziehen ganz schön schwarze Wolken herein. Wenn wir Pech haben, regnet es heute noch.«

Sie hatten jetzt den Wald erreicht und Maike schlug den Märchenweg ein. Die Freundinnen nannten ihn so, weil er unwirklich schön war. Rechts und links des Weges wuchs zwischen den Bäumen dichtes, sattgrünes Moos und bildete einen wunderbar weichen Teppich. Der Wald war hier hell und freundlich und goldene Sonnenflecken tanzten über die Baumstämme.

»Wie weit reiten wir eigentlich?«, fragte Marie.

»Selbstverständlich nur bis zur Eiche.« Maike

konnte den Tonfall ihrer Mutter so täuschend echt nachahmen, dass Marie sich unwillkürlich nach ihr umsah.

Doch kaum hatten sie die knorrige alte Eiche erreicht, zog der Himmel zu und Marie platschte der erste Tropfen ins Gesicht. Von einer Sekunde auf die nächste öffnete der Himmel seine Schleusen, und die Mädchen ritten durch einen mächtigen Wolkenbruch.

»Verflixt und zugenäht«, schimpfte Maike und zog den Reißverschluss ihrer Windjacke bis unters Kinn. »Das hat uns gerade noch gefehlt. Lass uns ein kleines Stückchen weiter reiten. Wenn ich mich nicht täusche, gibt es in der Nähe eine Reh-Raufe. Dort können wir uns unterstellen.«

Marie wollte etwas entgegnen, weil sie schon an der Eiche vorbeigeritten waren und sie ihr Versprechen nicht brechen wollte. Aber Maike hatte Herrn Huber bereits angetrieben und sie galoppierten tiefer in den Wald.

Auf der Suche nach dem trockenen Unterschlupf kamen sie immer weiter vom Weg ab. Dorthin, wo der Wald so tief und dunkel war, dass er sie fast verschluckte.

Marie hatte längst die Orientierung verloren.

Und von der Reh-Raufe war weit und breit nichts zu sehen.

»Bist du sicher, dass du noch weißt, wo wir sind?«, fragte Marie ängstlich.

Maike schwieg und machte ein betroffenes Gesicht.

Der Regen lief Marie in kleinen Rinnsalen über die Wangen. Ihr fröstelte. Wenn Maike keine schlagfertige Antwort parat hatte, konnte das nur eines bedeuten: Sie hatten sich verirrt.

10. Die Hütte im Wald

Ein gutes Stück waren sie jetzt schon durch den Wald galoppiert und der dicke Herr Huber keuchte wie eine rheumakranke Tante. Die Luft war erfüllt von seinem schweren Atem und den Regentropfen, die laut auf das grüne Blätterdach des Waldes prasselten.

Maike parierte das schnaufende Pony durch und sah sich suchend um. Plötzlich zerriss ein Gewehrschuss das Regen-Schnauf-Konzert. Dann noch ein zweiter. Und schließlich ein dritter.

Ein Fuchs sauste panisch unter einem Busch hervor und stob davon. Vögel flogen aufgeregt kreischend aus den Bäumen und Stracciatella zuckte erschrocken zusammen. Herr Huber scheute, bäumte sich auf, sodass die drei fast von seinem Rücken gepurzelt wären, und wollte keinen Schritt weiter.

»Ruhig, Dicker«, besänftigte Maike ihn und streichelte ihm den Hals. »Wer um alles in der Welt ballert hier am helllichten Tag im Wald herum?«, fragte sie schockiert und die Mädchen sahen sich ängstlich und verstört an.

Sie konnten sich keinen Reim auf die Schüsse machen. Aber sie kamen nicht mehr dazu, sich weiter Fragen zu stellen, denn auf einmal entdeckte Marie unerwartet eine Hütte. Wie ein ängstliches Kaninchen duckte sie sich wenige Meter von ihnen entfernt unter die Bäume, sodass man sie auf den ersten Blick gar nicht wahrnahm. Sie war ein wenig krumm und von ihren schäbigen Wänden blätterte die braune Farbe. Ihr Dach hing durch wie der Rücken eines alten Pferdes.

»Nicht gerade eine Villa«, meinte Maike. »Aber um uns vor dem Regen zu schützen, sollte sie ausreichen.«

Die Mädchen sprangen von Herrn Hubers Rücken und kämpften sich zu der Hütte vor. Der Zugang war so verwachsen, dass sie sich ständig die Köpfe an irgendwelchen Ästen stießen oder über Wurzeln stolperten.

»Sorry, Huberchen«, seufzte Maike und tätschelte tröstend ihrem dampfenden Pony die Blesse. »Du wirst hier im Regen warten müssen. Durch dieses Dickicht bekommen wir dich Dickerchen nie und nimmer! Aber Wasser von oben bist du ja gewöhnt, weil du auf der Koppel stehst. Das macht dir nichts aus, oder?« Sie tätschelte ihn nochmals und band ihn dann an einem Baum fest.

Der Haflinger war froh, dass er eine Pause bekam, und begann, sich sofort hungrig über das saftige Waldgras herzumachen.

Stracciatella wurde auf einmal unruhig, fing an zu winseln und rannte den Mädchen eilig voraus.

»Was hat er denn?«, fragte Marie und versuchte, mit ihrem Hund Schritt zu halten.

Sie hatten sich der Rückseite der Hütte genähert und mussten sie umrunden, um Richtung Eingang zu gelangen. An zwei Seiten war sie von rostigem Stacheldraht eingegrenzt. Überall lagen zerknautschte Kanister und kaputte Autoreifen.

Stracciatella wurde immer aufgeregter, stellte die Nackenhaare auf und bellte jetzt laut. Und dann erkannten sie warum: Vor der Hütte in der vom Regen aufgeweichten Erde standen schutzlos zwei durchnässte Kitze und ließen traurig ihre Köpfe hängen. Ihre Hufe versanken im tiefen Matsch, ihr Fell war dreckverkrustet.

Die Mädchen hielten die Luft an. Ein beklemmendes Gefühl schnürte ihnen den Hals zu. Die Rehe waren an Holzpflöcke angebunden – mit Ketten! In einem verbeulten, rostigen Eimer dümpelte ein trauriger Rest abgestandenes Wasser. Im Matsch lagen zwei magere Handvoll niedergetrampeltes, erdverschmiertes Heu.

Marie hielt Stracciatella mit zitternden Händen am Halsband fest und versuchte, ihn und sich zu beruhigen. Ihr Herz pochte ihr bis zum Hals.

Direkt vor der Hütte, unter einem schützenden Dachvorsprung, standen ein großer Holztisch und eine wackelige Bank, über der Felle hingen. Marie erkannte, dass es Wildschwein-Felle waren.

»Hier kommt also unser Reh her! Es ist ausgerissen. Dem Alter nach könnten das seine Geschwister sein«, vermutete Marie. Und dann hörte sie das Geräusch.

»Auf den Boden, versteck dich!«, zischte sie plötzlich und drückte ihre Freundin mit sanfter Gewalt ins nasse Laub hinter einen Busch. Stracciatella hielt sie mit einer Hand die Schnauze zu, sodass er nicht mehr bellen konnte.

92

Von der anderen Seite her näherte sich über einen steinigen Waldweg auf einmal langsam ein verrosteter roter Wagen. Gefolgt von einem weißen Kombi, auf dem in schwarzen Buchstaben der Schriftzug »Ihr Metzger Wiesner – denn Fleisch ist uns nicht Wurst« stand.

Die Autos hielten direkt vor der Hütte und heraus stiegen zwei Männer. Der eine, etwas beleibtere Mann, trug über einer weißen weiten Hose eine blau karierte Schürze. Er hatte ein rundes, speckiges Gesicht und ähnelte ein wenig einem rosa Schweinchen.

Der andere hatte ein vernarbtes Ananas-Gesicht aus dem verschlagene eisig blaue Augen funkelten. Er schaute sich suchend um, dann öffnete er den Kofferraum und die Männer wuchteten angestrengt etwas Großes, Schweres auf den Holztisch.

Erst als sie zur Seite traten, konnten die Mädchen erkennen, was es war.

Erschrocken hielten sie sich an den Händen: ein totes Wildschwein! Es konnte noch nicht lange tot sein, ein dünnes, frisches blutrotes Rinnsal lief ihm aus dem halb geöffneten Maul.

Die Mädchen fühlten sich wie in einem bösen Traum. Aber sie wussten: Hier gab es kein erlösendes Erwachen. Zitternd vor Angst lagen sie am Boden, die Körper ins nasse Laub gedrückt. Ihre Kleidung klebte ihnen mittlerweile völlig durchnässt auf der Haut. Aber Nässe und Kälte spürten sie vor Anspannung gar nicht mehr. Erschüttert und starr vor Angst folgten sie dem Geschehen vor der Hütte.

Die Männer begutachteten das Schwein und schienen zu verhandeln. Ab und zu trug der Wind ein paar Sprachfetzen zu den Mädchen herüber. Das Ananas-Gesicht fuchtelte ständig mit den Armen in der Luft und schüttelte den Kopf. »Das ist ein lächerlicher Preis, dafür behalte ich es!«, schrie es und schlug wütend mit der geballten Faust auf den Holztisch. Der Schürzenmann hob abwehrend die Hände und murmelte etwas, das die Mädchen nicht verstehen konnten.

Nach einigem Hin und Her nickte das Ananas-Gesicht zufrieden. Die beiden gaben sich die Hand, Geld wechselte den Besitzer und sie luden das Wildschwein in den weißen Kombi. Dann kamen sie wieder zurück. Zum Entsetzen der Mädchen blieben sie diesmal vor den Rehen stehen. »Oh mein

Gott«, flüsterte Marie und schluckte die Tränen, die jetzt ins Freie drängten, hinunter. »Er wird doch nicht auch noch die Rehe mitnehmen?!«

Wieder starrten die Männer auf die Tiere. Wieder gestikulierte das Ananas-Gesicht wild mit den Armen und schüttelte den Kopf.

Der Mann in der weißen Hose klopfte mit der flachen Hand prüfend auf Rücken und Bauch der Tiere. Doch diesmal gab er nicht nach. »... viel zu mager ... verkaufen sich nie ...«, meinten die Mädchen zu verstehen.

Das Narbengesicht baute sich jetzt drohend vor ihm auf, lief tomatenrot an und schrie aufgebracht: »Sie Verbrecher, mit Ihnen mache ich nie wieder Geschäfte! Das sind erstklassige Tiere. Machen Sie, dass Sie von meiner Hütte wegkommen. Ich will Sie hier nie wieder sehen!« Dabei zog er eines der Rehe ruppig an seiner Kette, als trüge es die Schuld für den geplatzten Handel. Er schrie dem Metzger noch irgendetwas hinterher, aber der war schon längst in sein Auto gestiegen, hatte es gewendet und war den Waldweg zurückgefahren.

Es dauerte nicht lange, da setzte sich auch das Ananas-Gesicht in sein klappriges Auto und verschwand hinter den Bäumen.

Wie in Trance krochen die Mädchen hinter ihrem Busch vor und klopften sich das nasse Laub von den Reithosen. Der Schock saß ihnen tief in den Knochen.

Stracciatella schüttelte empört sein nasses Fell und bellte. Dass Marie ihm die Schnauze zugehalten hatte, nahm er ihr ein wenig übel. Die schaute mit finsterer Miene zur Hütte, als beherbergte sie allen Kummer dieser Welt. Und dann wurde ihr etwas klar.

»Die drei Schüsse von vorhin!«, entfuhr es ihr. »Natürlich. Das war das Narbengesicht. Der Mann ist vielleicht Jäger? Jedenfalls hat er das Wildschwein erschossen.«

»Aber dürfen Jäger das? Am helllichten Tag Wildschweine erschießen und an irgendwelche Metzger verkaufen?«, fragte Maike ungläubig. »Und misshandeln Jäger Rehe? Da ist doch was faul. So eine Tierquälerei kann unmöglich erlaubt sein.«

Marie zuckte mit den Schultern. »So genau weiß ich das, ehrlich gesagt, auch nicht. Aber mir kommt das ebenfalls seltsam vor. Eines steht fest: Wenn wir nichts unternehmen, werden die Rehe sterben! Früher oder später findet er einen Käufer oder er lässt die armen Geschöpfe verhungern.«

Als die Freundinnen sich zurück zu Herrn Huber kämpften, wieherte dieser ihnen freudig entgegen und scharrte ungeduldig mit den Hufen. Nachdem er sich seinen dicken Bauch vollgeschlagen hatte, war ihm anscheinend mulmig geworden. Die Mädchen könnten ihn ja vielleicht allein im Wald zurücklassen.

Erst als sich der Schock ein wenig gelegt hatte, merkten die Freundinnen auf einmal, wie durchnässt sie waren und wie sehr sie froren.

»Los, lasst uns schnell nach Hause reiten«, sagte Maike und ihre Lippen bebten vor Kälte.

Marie sah sie bestürzt an. Zur Sorge um die beiden Rehe hatte sich eine weitere gesellt. »Wie denn?«, fragte sie verzweifelt. »Wir wissen doch gar nicht, welcher Weg nach Hause führt!«

11. Ein struppiger Held

Der Himmel weigerte sich standhaft, seine Schleusen zu schließen, alles um sie ertrank im Regen, und langsam verschluckte der heraufdämmernde Abend die Reste des Tages.

Entmutigt ließ sich Marie auf den Waldboden fallen, lehnte ihren Rücken an einen Baumstamm und verbarg verzweifelt ihr Gesicht in den Händen. Wie sollten sie jetzt, wo es auch noch dunkel wurde, wieder nach Hause finden?

Allein der Gedanke, die Nacht tropfnass im finsteren Wald unweit der Hütte zu verbringen, bereitete ihr stechende Kopfschmerzen. Sie glaubte, den Geruch von totem Wildschwein, Matsch und Verwahrlosung noch auf der Zunge zu spüren. Unaufhaltsam krochen ihr Angst und Kälte unter die Haut.

Wir sind verloren, dachte Marie. Ihr war zum

Weinen zumute. Aber eher hätte sie eine ganze Woche hier im Wald übernachtet, als Maike in dieser Situation mit ihren Tränen noch mehr zu verunsichern. Sie suchte angestrengt nach einer Lösung, doch die Gedanken stürmten auf sie ein wie wild gewordene Pferde.

Stracciatella schien ihr die Sache mit dem Schnauze-Zuhalten verziehen zu haben und stupste sie mit seinem Köpfchen zärtlich am Knie. Dann bellte er auffordernd und lief ein Stück von ihr weg, wobei er sich ständig nach ihr umsah. Als sie sitzen blieb und sich nicht rührte, kam er wieder zurück, stupste sie abermals, leckte ihr die Hände und lief wieder ein Stück von ihr weg.

»Stracciatella, lass das!«, brummte Marie in ihre Handflächen – was sich anhörte wie »Braziattella bas bas«. »Jetzt ist wirklich nicht der richtige Zeitpunkt zum Spielen. Lass mich bitte in Ruhe!«

Aber Stracciatella ließ nicht locker.

»Dein Hund hat vielleicht Nerven«, meinte Maike, die an ihrem Wallach lehnte, und zog vorwurfsvoll die Augenbraue hoch.

Aber Stracciatella gab nicht nach. Immer wieder stupste er und lief weg, stupste und lief weg.

»Moment mal«, überlegte Maike jetzt laut. »Der

will überhaupt nicht spielen! Ich glaube, er will, dass wir ihm folgen!«

Marie nahm die Hände vom Gesicht und schaute Stracciatella verblüfft an. Der bellte zustimmend und stupste sie erneut.

»Los, sitz auf!«, rief Maike aufgeregt. »Wir versuchen es und reiten ihm nach! Vielleicht kennt er wirklich den Weg! Hunde sollen ja schon aus Hunderten von Kilometern Entfernung ganz allein ihr Zuhause wiedergefunden haben. Was haben wir schon zu verlieren?!«

Stracciatella wedelte freudig mit dem Schwanz und rannte schnüffelnd voraus, die Nase dicht über dem Waldboden.

Nach ein paar Metern fiel Herr Huber freiwillig in einen leichten Trab. Ein gutes Zeichen! Ging es Richtung Stall, wo duftendes Heu auf ihn wartete, legte er immer ein erstaunliches Temperament an den Tag. Ritten die Mädchen vom Stall weg, musste Maike das träge Pony hingegen immer mit aller Kraft antreiben.

Die Bäume wurden jetzt lichter, der Wald war nicht mehr ganz so dunkel und zu ihrer Überraschung erreichten sie schon nach wenigen Minuten die knorrige Eiche.

»Wir müssen auf der Suche nach der Reh-Raufe ganz schön im Zickzack durch den Wald geirrt sein«, stellte Maike beschämt fest und stieg ab, um ihren kleinen Retter aufs Pferd zu heben.

»Stracciatella, was würde ich nur ohne dich machen«, flüsterte Marie dankbar in sein Ohr und drückte ihren Liebling zärtlich an sich. Vor Erleichterung weinte sie heimlich eine Träne in sein nasses Fell, was bei dem Regen aber nicht weiter auffiel. Es schien, als sei er sich seiner Heldentat bewusst, so stolz, wie er sich in seine kleine haarige Brust warf.

»Wir müssen die ganze Schweinerei sofort deinem Vater erzählen«, meinte Maike und lenkte Herrn Huber auf den Märchenweg. »Der wird die armen Rehe sofort befreien.«

»Das geht nicht.« Marie schüttelte traurig den Kopf. »Überleg doch mal! Wenn wir unseren Eltern die Geschichte erzählen, dann erfahren sie, dass wir weiter als bis zur Eiche geritten sind. Den Ärger, den wir dann kriegen, möchte ich mir lieber nicht ausmalen.«

Maike nickte schweigend.

Marie musste an den traurigen Vorfall mit dem Schäferhundmann denken. »Selbst wenn wir alles erzählen würden, darf Paps die Rehe nicht einfach befreien. Sie gehören dem Narbengesicht. Wenn Paps sie mitnimmt, ist er laut Gesetz ein Dieb und wird bestraft.«

Die Nacht legte sich jetzt schwer auf die Felder und alle Wege waren verlassen. Ganz still wurde es, als bettete sich die Welt zur Ruhe. Nur der Regen fiel weiter unerbittlich auf sie nieder.

»Aber das Narbengesicht wird die Rehe umbringen! Wir müssen etwas unternehmen!«, rief Maike aufgebracht, als sie Staudtes Hof erreichten.

»Aber was? Ich habe auch keinen Plan!« Marie schüttelte mutlos den Kopf.

»Dann müssen wir einen schmieden!«, sagte Maike entschlossen.

Die Mädchen sprangen vom Wallach, sattelten ihn ab, führten ihn in seine Box und rubbelten ihn mit frischem Stroh trocken. Stracciatella wälzte sich genüsslich in der Einstreu und Herr Huber kaute zufrieden an seinem Heu.

»Lass uns morgen im Iglu überlegen, was zu tun ist«, schlug Marie vor. Sie hielt einen Moment inne und nahm all ihren Mut zusammen, bevor sie wagte, Maike eine unangenehme Frage zu stellen: »Wärst du mir sehr böse, wenn ich Markus dazu bitte? Er kann uns sicher helfen.« Sie traute sich kaum, ihrer Freundin dabei in die Augen zu sehen.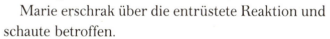

»Den Mountainbike-Angeber? In unser Geheimversteck?! Das ist nicht dein Ernst?!« Maike bedachte sie für diesen Vorschlag mit einem eiskalten Blick.

Marie erschrak über die entrüstete Reaktion und schaute betroffen.

Da stieß ihr Maike freundschaftlich den Ellenbogen in die Seite und zwinkerte ihr zu. »War nur Spaß! Ich schätze, du hast recht. Wir können seine Unterstützung sicher gut gebrauchen. Ich hole ihn morgen mit dem Fahrrad ab, den Weg findet er sonst nie. Dann nehm ich auch gleich meine Kaninchenkinder mit nach Hause«, sagte sie strahlend. »Aber jetzt sollten wir schleunigst in die warme Badewanne, sonst liegen wir morgen mit Erkältung auf der Nase und retten gar niemanden.«

»Maike, da bist du ja endlich! Ihr seid aber verdammt spät! Ich hab mir schon Sorgen gemacht! Ist bei euch alles in Ordnung?«, hörten sie plötzlich Frau Staudte vom Wohnhaus herüberrufen.

»Alles okay, Mama, ich komme schon!«, rief Maike zurück und wandte sich flüsternd an Marie.

»Also, morgen im Iglu. Und zu keinem ein Sterbenswörtchen!« Dabei legte sie verschwörerisch den Zeigefinger an die Lippen.

»Zu keinem ein Sterbenswörtchen!«, wiederholte Marie und machte sich auf den Heimweg.

Als Marie am nächsten Nachmittag zum Iglu kam, lehnte Maikes Fahrrad schon neben dem von Markus an der Hecke.

Stracciatella sprang so aufgekratzt um ihre Beine, dass sie fast über ihn gestolpert wäre. Sie hatte ihn erst ein wenig überreden müssen mitzukommen, weil er sich bei seinem neuen Freund festgekuschelt hatte. Dank Stracciatella, der viel Zeit mit dem Kitz verbrachte, entwickelte es sich prächtig. Aber jetzt war der Welpe froh, Auslauf zu bekommen, und zeigte sich in Spiellaune.

»Wisst ihr, was ich glaube?«, fragte Markus, als Marie durch den Eingang gekrochen war und sich zu den beiden auf die Decke setzte. Markus machte ein wichtiges Gesicht. »Der Mann ist kein Jäger, der Mann ist ein Wilderer!« Er spuckte das Wort aus, als hätte er etwas Giftiges im Mund.

»Ein Wilderer?«, fragte Maike.

»Ja, der Mann ist kein Jäger. Er hat keine Erlaubnis, Rehe oder Schweine zu schießen. Er macht das, obwohl es verboten ist. Die Tiere verkauft er, um an Geld zu kommen.«

Marie und Maike überlegten.

»Du meinst, er ist so was wie ein Verbrecher?«, fragte Marie schließlich und ihre Augen weiteten sich.

Markus nickte.

»Wir dachten gleich, dass da was faul ist! Wer anderes als ein Verbrecher misshandelt Tiere«, schnaubte Marie verächtlich.

Stracciatella brachte ihr einen Stock. Sie nahm ihn aus seinem Maul, beugte sich aus dem Eingang und warf ihn weit zwischen die Bäume. Stracciatella rannte mit großen Sprüngen hinterher, um ihn zurückzubringen. Trotz Stracciatellas Begeisterung wollte sich das Gefühl von Geborgenheit, das sie sonst hatten, wenn sie im Iglu waren, heute nicht einstellen. Als hätte das Iglu plötzlich Löcher, durch die ein beißender Wind wehte, der die Schreckensbilder des letzten Abends hereintrug. Die Rehe mussten befreit werden – ein Plan musste her.

»Wenn man einem Dieb etwas wegnimmt, was er gestohlen hat, ist man dann auch ein Dieb?«, fragte Marie.

Markus kratzte sich am Hinterkopf und dachte nach. »Wenn ich meinen Vater richtig verstanden habe, leider ja.« Doch plötzlich hellte sich seine nachdenkliche Miene auf. »Ich hab's!«, rief er. Dann beugte er sich zu ihnen vor und senkte die Stimme, als befürchtete er, es könnte sie jemand belauschen. »Wir können die Rehe trotzdem befreien.«

Die Mädchen schauten ihn erwartungsvoll an und Stracciatella drängte sich mit seinem Stock im Maul neugierig zwischen sie.

»Wir sind Kinder! Und wenn wir die Rehe befreien, kann uns dafür niemand bestrafen. Das machen sie nur mit den Erwachsenen!«, erklärte Markus.

Marie und Maike sahen sich an. »Worauf warten wir dann noch?!«, sagten sie wie aus einem Mund und mussten darüber lachen. »Befreien wir die Rehe!«

12. Der Plan

»Huberchen läuft wie ein Storch auf rohen Eiern! Die Handtücher um seine Hufe gefallen ihm gar nicht«, flüsterte Marie Maike ins Ohr.

Maike nickte und lenkte ihr steifbeinig staksendes Pony vom Stall weg. »Er hat es gleich geschafft, es sind nur noch wenige Meter Asphalt. Auf dem weichen Feldweg wird man seinen Hufschlag nicht mehr hören, dort erlösen wir ihn von seinen ›Schalldämpfern‹.«

Herr Huber schnaubte unwillig und Markus musste sich wegen dessen rosa geblümten »Schühchen« so das Lachen verkneifen, dass er fast vom Rad gefallen wäre. Aber ihr Plan funktionierte. Niemand hörte, dass sich drei Kinder, ein Hund und ein dickes Pony zu nachtschlafender Zeit heimlich aufmachten, um zwei Rehe zu retten.

Der Mond hing rund und freundlich am sternen-
geschmückten Himmel und leuchtete ihnen mit
sanftem Licht wohlwollend den Weg. Fiebrig vor
Aufregung, mit Taschenlampen und unbändiger
Entschlossenheit bewaffnet, bewegten sich die drei
Freunde in einer kleinen Karawane Richtung Wald.

Markus hatte den Bolzenschneider seines Vaters
aufs Rad geschnallt, zwei große Taschenmesser ragten bedrohlich aus seinen Gesäßtaschen. Mutig ra-
delte er den Mädchen voraus.

Totenstill war es und keiner traute sich, ein Wort
zu sagen. Nur der unheimliche Schrei eines Wald-
kauzes durchschnitt die nächtliche Stille und jagte
den Mädchen eine Gänsehaut über den Rücken. Vor
Anspannung verkrampften sich Maries Hände in
Stracciatellas Fell. In Gedanken summte sie eine hei-
tere Melodie, um ihre Angst und ihr schlechtes Gewissen zu ärgern. Sie fühlte sich furchtbar, weil sie
hinter dem Rücken der Eltern handelte. Wie Gauner
hatten die drei gewartet, bis ihre Eltern schliefen, um
sich dann aus dem Haus zu schleichen. Aber was
blieb ihnen übrig? Sie konnten die Rehe doch nicht
tatenlos ihrem Schicksal überlassen!

An der knorrigen Eiche stellte Markus sein Rad
ab, die Mädchen stiegen vom Pferd und setzten

Stracciatella auf den Waldboden. An seinem Halsband leuchtete eine kleine Taschenlampe, deren durch die Nacht tanzendem Lichtpunkt sie jetzt folgten. Immer tiefer und undurchdringlicher wurde der Wald und die Finsternis empfing sie wie eine unheilvolle Fremde. Ständig stellten sich ihnen stachlige Ranken und wehrhaftes Gestrüpp in den Weg und zeichneten ihnen schmerzhafte rote Striemen auf Arme und Beine.

Es sollte nicht das letzte Opfer sein, das sie in dieser Nacht für die Rehe würden bringen müssen.

Unweit der Hütte ließen sie Herrn Huber an einem Baum zurück und nahmen Stracciatella an die Leine. Bevor sie die Lichtung erreichten, knipsten sie ihre Taschenlampen aus, und für einen Moment lag die Dunkelheit über ihren Augen wie ein schwereloses Tuch. Nur langsam zeichneten sich die Umrisse der Hütte gegen den mondhellen Nachthimmel ab: Schwarz, bucklig und verlassen kauerte sie unter den Bäumen.

Stracciatella sträubte die Nackenhaare und knurrte.

Marie zischte ihn leise an: »Bist du still! Was wenn der Wilderer doch in der Nähe ist?! Dann verrätst du uns noch!«

109

Die drei legten sich auf den Boden und krochen auf Knien und Ellenbogen um die Hütte.

»Die Luft scheint rein zu sein, es ist niemand hier«, flüsterte Markus und stand auf.

Aber als sie den Vorplatz erreichten, überfiel Marie Panik. Für einen bitterbösen Moment dachte sie, die Rehe seien schon fort. Doch dann hörte sie ein leises Schnaufen und atmete erleichtert auf. Zwei kleinen Bergen gleich ragten die Rücken der schlafenden Tiere aus der Dunkelheit.

Markus schaute sich noch mal nach allen Seiten suchend um. Dann knipste er seine Taschenlampe an und drückte sie Maike in die Hand. »Leuchte bitte auf die Kette«, flüsterte er ihr zu und setzte den Bolzenschneider an.

Maikes anfängliches Misstrauen ihm gegenüber war verflogen und sie war einfach nur froh, dass er da war und ihnen half, die Rehe zu befreien.

Stracciatella knurrte abermals, zerrte an der Leine Richtung Hüttentür, dann begann er laut zu bellen.

»Ist ja gut, Stracciatella. Was hast du?« Marie fuhr Stracciatella mit der Hand besänftigend über den Kopf, aber er wollte sich nicht beruhigen.

Markus kämpfte mit aller Kraft gegen die Kette, sie klirrte, gab jedoch keinen Zentimeter nach.

Stracciatella fing jetzt regelrecht an zu toben und dann überschlugen sich die Ereignisse: Die Hüttentür wurde mit einem ohrenbetäubenden Krachen aufgetreten, grelles Licht flutete aus dem Inneren über den Vorplatz und blendete die drei, dass ihnen die Augen schmerzten. Eine unheimliche schwarze Gestalt mit einem Gewehr in den Händen stürzte auf sie zu, brüllte und fluchte. Es dauerte einen Moment, bis sich die Augen der Freunde an das Licht gewöhnt hatten, dann starrten sie direkt in die wutverzerrte Fratze und den Gewehrlauf des Wilderers.

Die kühle Nachtluft, die ihnen eben noch sanft die Haut gestreichelt hatte, war plötzlich erfüllt von nackter Angst und blankem Schrecken.

Maries Herz klopfte, als wollte es ihr gleich in der Brust zerspringen. Fassungslos starrte sie auf den Wilderer, der schreiend mit der Waffe vor ihrer Nase herumfuchtelte, Furcht einflößend wie ein bissiger Kampfhund.

»Was zum Teufel macht ihr da? Was habt ihr hier mitten in der Nacht zu suchen?«

Die Mädchen wollten fliehen, verfingen sich jedoch in Stracciatellas Leine und schlugen der Länge nach in den Dreck. Rau und schwielig spürte Marie die Pranke des Wilderers um ihr Handgelenk, dann wurden sie grob mit einem harten Ruck auf die Beine gezerrt.

Er beugte sich dicht zu den zitternden Mädchen herunter und durchbohrte sie mit seinen kalten eisblauen Augen.

»Wen haben wir denn da?«, fragte er mit fieser Stimme. Stinkender nikotin- und alkoholgeschwängerter Atem schlug ihnen entgegen, dass ihnen übel wurde. »Zwei Gören! Ich glaub es nicht! Was gibt es hier rumzuschnüffeln?« Dann fiel sein Blick auf den Bolzenschneider, der neben den Rehen lag, und seine Miene erstarrte zu Stein. »Ihr zwei wolltet mir meine Tiere stehlen?!« Sein Ananas-Gesicht wurde jetzt so rot, dass Marie glaubte, es würde gleich in tausend Teilchen zerbersten.

Ihr zwei?, dachte sie und sah sich überrascht um. Konnte der Wilderer nicht mal bis drei zählen? Dann überfiel sie bittere Enttäuschung. Markus war fort! Marie schluckte schwer, obwohl Maike direkt neben ihr stand, fühlte sie sich plötzlich unendlich allein. Sie wollte es nicht wahrhaben, aber ihr scheinbarer Freund hatte sie im Stich gelassen! Aus dem Staub hatte er sich gemacht wie ein feiger Hase. Das tat weh.

»Los, mitkommen!«, herrschte der Wilderer die Mädchen an und stieß sie brutal in seine Hütte. Offenbar hatte er nicht bemerkt, dass die Freunde ursprünglich zu dritt gewesen waren. »Euer kleines Abenteuer wird euch noch sehr, sehr leidtun.«

In der Hütte befand sich eine Klappliege, auf der eine zurückgeworfene Decke und ein löchriges Kissen lagen. Daneben standen ein alter Stuhl und ein Tisch, unter den sich ein großer schwarzer Schäferhund duckte.

»Hasso, schau dir diesen zerrupften Mini-Köter an! Den werf ich dir zum Fraß vor«, höhnte das Ananas-Gesicht und zerrte den entsetzten Stracciatella dem anderen Hund direkt vors Maul.

Doch der rührte sich nicht von der Stelle und schaute die Neuankömmlinge nur traurig aus großen verängstigten Augen an. Durch sein stumpfes schwarzes Fell zeichneten sich die Rippen ab, über dem linken Auge trug er eine Narbe.

»Los, hinsetzen!«, schrie der Wilderer und dirigierte die Mädchen mit seinem Gewehrlauf auf den Boden neben die Liege. »Ihr rührt euch nicht von der Stelle, sonst wünscht ihr euch, nie geboren worden zu sein.«

Dann löschte er bis auf eine flackernde Kerze das Licht, setzte sich vor den Hütteneingang auf einen großen Stein und zündete sich eine Zigarette an. Der Schein des Streichholzes vergeisterte seine Augen, verhexte sein Gesicht. Seine vernarbten Wangen wirkten in dem rötlichen Licht wie vertrocknete Baumrinde. Während sich der Rauch in den Nachthimmel kräuselte, schien der Wilderer zu überlegen, was jetzt zu tun sei.

Marie brach zuerst das gespenstische Schweigen, aber ihre Stimme klang matt.

»Was sollen wir jetzt machen? In meinem Kopf dreht sich alles«, flüsterte sie Maike zu.

Die zuckte entmutigt mit den Schultern. »Keine Ahnung. Ich weiß nur eines: Unseren tollen Freund können wir wohl nicht mehr fragen«, schnaubte sie leise. »Ich habe gerade angefangen, ihn zu mögen, da lässt er uns so schäbig sitzen. Ich könnte heulen vor Wut.«

Spitze Schatten lauerten in den Ecken der Hütte und schienen sie zu verhöhnen. Der Wilderer rauchte eine Zigarette nach der anderen, ab und zu funkelte er böse zu ihnen herüber.

Schließlich trat er seine Kippe aus, stand auf und herrschte sie erneut an. »Ihr lasst mir leider keine andere Wahl! Jetzt, wo ihr mich und mein Versteck kennt, kann ich euch nicht so einfach wieder laufen lassen.«

»Was haben Sie mit uns vor? Wir gehen nicht weg von hier, niemals!«, rief Marie und zitterte am ganzen Körper.

Aber der Kerl zerrte die Mädchen bereits aus der Hütte in seine rostige Karre, die verborgen hinter einer Hecke parkte. Er schubste die Mädchen auf die Rückbank und knallte die Tür hinter ihnen zu.

Marie stellte erschrocken fest, dass die Fensterscheiben verdunkelt waren, zum Schutz gegen neugierige Blicke. Und auch ihr Versuch zu fliehen, als der Wilderer vorne einstieg und sie einen Moment lang nicht beobachtete, schlug leider fehl. Die hinteren Autotüren ließen sich nicht von innen öffnen. Sie saßen fest!

Das Narbengesicht drehte den Zündschlüssel um, der Motor reagierte mit einem rostigen Husten und sprang an. Der Wilderer legte den ersten Gang ein, gab Gas, aber der Wagen holperte mit Mühe nur wenige Zentimeter von der Stelle und blieb dann stehen.

»Verflixt, was ist das schon wieder?!« Schäumend vor Wut stieg der Mann aus, umrundete den Wagen und trat mit dem Fuß gegen die Reifen. »Platt! Ich fass es nicht, jeder verdammte Reifen ist platt. Jemand hat die Luft herausgelassen! Was geht hier vor?«

Marie und Maike warfen sich einen vielsagenden, unendlich erleichterten Blick zu. Sie wussten nicht, worüber sie sich mehr freuten: darüber, dass sie der Schurke nicht verschleppen konnte, oder darüber, dass sie doch einen Freund hatten, auf den sie zählen konnten.

13. Stracciatella lächelt

Stracciatella war der Erste, der den Lichtschein zwischen den Bäumen bemerkte. Konzentriert legte er seinen kleinen Kopf zur Seite und spitzte die Ohren, als lausche er einer fernen Musik. Dann stupste er Marie mit seiner nassen Hundenase in die Seite und sprang aufgekratzt an der verschmierten Autoscheibe hoch, um sie darauf aufmerksam zu machen. Und tatsächlich: Zwei helle Lichtpunkte schwebten stetig über den Waldweg auf sie zu. Kamen näher und näher.

Hoffnung stieg in Marie auf und machte sich in ihr breit, warm und erlösend.

Der Einzige, der von alledem nichts bemerkte, war der Wilderer. Sein Gewehr hatte er vorne auf dem Fahrersitz liegen lassen und suchte nun laut polternd in den Tiefen seines Kofferraums nach Werkzeug. Erst als das Motorengeräusch des herannahenden Autos sein Fluchen übertönte, fuhr er entsetzt auf und stieß sich seinen Schädel am Kofferraumdeckel. Er hielt sich die Hand an den schmerzenden Kopf und drehte sich um. Mit der anderen Hand versuchte er, seine Augen vor dem grellen Scheinwerferlicht zu schützen.

Was dann passierte, erinnerte Marie an die Krimis, die ihr Vater so gern schaute. Die Ereignisse überschlugen sich: Die Scheinwerfer rasten unaufhaltsam auf sie zu, der Wagen hielt mit quietschenden Bremsen, Türen wurden zeitgleich aufgerissen. Blitzschnell verschanzten sich dahinter zwei bewaffnete Männer und einer von ihnen schrie: »Stehen bleiben oder ich schieße!«

»Los, raus hier!«, rief Marie.

Die Freundinnen nutzten den unbeobachteten Moment und kletterten über den Vordersitz, um sich aus dem alten Auto zu befreien. Als sie mit einem Ruck die Fahrertür aufstießen, gab es einen dumpfen Schlag und etwas fiel schwer zu Boden. Der fliehende Wilderer, der sich nach den Männern umgesehen hatte, war in die Tür gelaufen und wurde durch die Wucht des Aufpralls zu Boden geschleudert.

Stracciatella verbiss sich knurrend in seinen verschlissenen Hosenboden und versuchte, ihn mit aller Kraft am Aufstehen zu hindern.

Aber der Wilderer berappelte sich in Sekundenschnelle, stieß ihn zur Seite und rannte weiter.

Mit großen, enttäuschten Augen blickte Stracciatella ihm nach, aus seinem kleinen Maul baumelte ein Stofffetzen.

»Ihm nach!«, schrien die Männer und hefteten sich an die Fersen des Wilderers.

Die Lichtkegel ihrer Taschenlampen hatten Mühe, ihn zwischen den Bäumen nicht zu verlieren, der Abstand zum Fliehenden wurde immer größer.

»Verdammt, er entkommt uns!«, rief einer der beiden Männer keuchend.

Warnschüsse hallten durch den Wald, doch der Wilderer rannte und stolperte unbeirrt weiter, bis er sich in der Finsternis aufzulösen schien. Es kam, wie die Verfolger befürchtet hatten: Er entwischte ihnen!

»Das darf doch nicht wahr sein!«, schimpfte Maike und stieß mit dem Fuß wütend gegen einen Stein. »Er haut ab!«

Entmutigt gaben die Männer die Verfolgung auf. »Mist, er ist uns durch die Lappen gegangen. Los, wir kehren um, es hat keinen Sinn mehr. Den finden wir in der Dunkelheit nie!«

119

Plötzlich krachte es im Unterholz, Holz zersplitterte, Äste knackten. Irgendwo im Wald hörten sie das Ananas-Gesicht aufschreien. Vollkommen unerwartet jagte es japsend aus der schützenden Dunkelheit zurück auf die Lichtung. Irgendetwas musste ihm schreckliche Angst eingejagt haben.

Und dann erkannten die Mädchen, was den entsetzten Wilderer unerbittlich vor sich hertrieb – direkt in die Arme der Verfolger: ein rosa geblümtes Gespenst!

Die Männer stürzten sich auf den panischen Wilderer, warfen ihn mit dem Gesicht nach unten zu Boden, verschränkten seine Arme hinter seinem Rücken und legten ihm Handschellen an.

»Haben wir dich, Freundchen! Los aufstehen!«, rief der größere der Männer und stieß ihn vor sich her Richtung Wagen.

Stracciatella saß wie vom Donner gerührt, seinen Stofffetzen immer noch zwischen den Lefzen. Auch Marie und Maike verstanden die Welt nicht mehr und sahen sich mit offenen Mündern an. Das geblümte »Ungeheuer« kam direkt auf sie zugaloppiert und hielt mit einem vertrauten Schnauben unmittelbar vor ihren Füßen. Die Blumen bekamen Falten, zogen sich zusammen und das Gespenst wurde kleiner.

»Unsere Handtücher!«, rief jetzt Marie. »Das sind unsere Handtücher, und darunter stecken Markus und Huberchen. Ich fass es nicht!«

Markus streifte den Handtuchüberwurf ab, klopfte Huberchen lobend den Hals und zwinkerte Marie stolz zu.

»Ich wusste gar nicht, dass du reiten kannst?!«, stellte die verblüfft fest.

»Tja, ich hab viele verborgene Talente«, raunte er ihr selbstzufrieden zu und sprang von Huberchens Rücken. »Mann, bin ich froh, dass euch nichts passiert ist!«

Marie wäre ihrem Retter vor Freude und Erleichterung am liebsten um den Hals gefallen. Nur Maike blickte ihn finster an. »Wo warst du die ganze Zeit?«, fragte sie schnippisch.

»Als der Wilderer euch gefangen hat, habe ich mich im Wald versteckt. Von dort habe ich mit dem Handy meinen Vater informiert und ihm beschrieben, was passiert ist und wo wir sind. Anschließend bin ich zur Hütte zurückgeschlichen.«

Maike war immer noch wütend auf ihn. »Warum bist du nicht bei uns geblieben?« Ihre hellblauen Augen funkelten ihn gefährlich an.

»Und wer hätte dann deiner Meinung nach Hilfe

geholt, die Luft aus den Reifen gelassen, unsere Handtücher zusammengeknotet, Löcher reingeschnitten und ein Gespensterkostüm daraus gebastelt? Sag, wer?«, erwiderte Markus sichtlich eingeschnappt.

Marie wusste genau, was in Maike vorging. Sie war nicht auf Markus wütend, sondern auf das stechende Gefühl, dass ihr immer noch wie ein vergifteter Splitter im Herzen steckte: den Schmerz, wenn man glaubt, von einem Freund im Stich gelassen zu werden.

»Was habt ihr euch eigentlich dabei gedacht, euch in so eine Gefahr zu begeben?«, schimpfte eine tiefe Stimme hinter ihnen und Marie drehte sich erschrocken um. Erst jetzt, von Nahem, erkannte sie die Männer: Oberwachtmeister Heiner Roth und sein Kollege Michael Friedrich.

Markus' Vater hatte in der Eile seine Uniform über seinen blau-weiß gestreiften Schlafanzug gezogen und Marie konnte sich ein Grinsen nicht verkneifen. Doch sein unwirscher Tonfall wischte ihr augenblicklich das Lächeln vom Gesicht: »Wir bringen euch jetzt erst mal nach Hause. Aber eure Eltern und ich, wir werden uns morgen ernsthaft mit euch unterhalten müssen. Und was wir euch zu sagen haben, wird euch sicher nicht gefallen!«

Die Standpauke, die Marie und Maike am nächsten Nachmittag über sich ergehen lassen mussten, hatte sich gewaschen. Unruhig rutschte Marie auf der Couch ihrer Eltern hin und her und traute sich weder in das Gesicht ihrer noch in das von Maikes Eltern zu blicken.

»Ich möchte gar nicht daran denken, was euch alles hätte passieren können«, schimpfte Ralph Staudte und lief mit rotem Kopf aufgebracht durchs Wohnzimmer.

»Schatz, sie haben es doch nur gut gemeint!« Sandra Staudte versuchte, ihn zu beruhigen und wieder sanft in den Sessel zurückzuziehen.

»Nein, Sandra«, mischte sich jetzt Dr. Werber ein. »Ralph hat völlig recht. Der Kerl hätte sie töten können. Ich hoffe, euch ist klar, dass ihr nicht ohne Strafe davonkommt.«

Marie und Maike sahen sich ängstlich an. Sie wollten sich gar nicht vorstellen, welche Strafe sie erwartete. Nie wieder reiten? Der Verlust von Huberchen und Stracciatella?

»Aber Paps ...« Mit dünner Stimme versuchte Marie, sich zu verteidigen.

»Ich bin noch nicht fertig, junge Dame«, unterbrach Dr. Werber seine Tochter. Er war laut gewor-

123

den, so sehr, dass Stracciatella, der gerade versuchte, sich eine Salzstange vom Couch-Tisch zu angeln, erschrocken den Kopf hob. »Am meisten enttäuscht mich, dass ihr nicht mit uns geredet habt. Auch wenn ihr versucht habt, mich zu schützen, und Angst davor hattet, weil ihr zu weit geritten seid – ihr hättet mit uns reden müssen!«

Marie konnte sich nicht daran erinnern, dass ihr Vater schon mal so wütend auf sie gewesen war. Sie war heilfroh, dass seine Strafpredigt von Heiner Roth und Markus unterbrochen wurde, die verspätet mit Hasso ins Wohnzimmer traten. Maries Vater schaute den Schäferhund nachdenklich an und schlagartig änderte sich sein Gesichtsausdruck. Zu ihrem Erstaunen huschte nun ein erleichtertes Lächeln über sein Gesicht.

Marie wunderte sich, denn dass der Polizist den Schäferhund des Wilderers bei sich aufgenommen hatte, wusste ihr Vater bereits! Sie hatten am Morgen lange miteinander telefoniert.

»Der Schäferhund – die Narbe über dem Auge … ich erkenne ihn wieder! Ich bin mir ganz sicher, Hasso ist der misshandelte Hund des Mannes, der mich neulich nachts an der Tür abgewiesen hat!« Dr. Werber strahlte seine Frau an.

»Siehst du, ohne deine tapfere Tochter hätte Hasso jetzt keine Chance auf ein neues Leben voller Fürsorge und Liebe«, versuchte jetzt auch Verena Werber ihren Mann zu besänftigen.

»Der Wilderer ist übrigens ein ganz fieser Kerl«, bemerkte Markus' Vater und ließ sich schwer in einen Sessel fallen. »Ich habe eben Nachricht aus dem Polizeipräsidium bekommen, daher unsere Verspätung. Meine Kollegen suchen den Kerl schon lange. Was der so alles auf dem Kerbholz hat: Diebstahl, Wilderei, räuberische Erpressung und jetzt noch versuchte Kindesentführung. Dafür wird er ganz schön lange brummen. Und auch der Metzger bekommt eine saftige Strafe.« Der Polizist legte seine Mütze auf den Rand der Sessellehne und fuhr sich zufrieden durch sein kurzes braunes Haar. »Ich habe lange nachgedacht. Wir sollten unsere Kinder mit Nachsicht behandeln. Und ich muss zugeben, dass ich auf die drei hier auch ganz schön stolz bin. Sie waren mutig, einfallsreich, haben im Sinne einer guten Sache entschlossen gehandelt und sie haben zusammengehalten. Ich finde, sie haben das alles ziemlich gut gemacht!« Er zwinkerte den dreien aufmunternd zu.

125

Marie konnte schon wieder ein bisschen lächeln.

»Trotzdem«, mischte sich jetzt wieder Dr. Werber ein, »an der Strafe, die wir für euch beschlossen haben, ändert sich nichts.«

Marie und Maike zuckten zusammen.

»Und ihr müsst uns was versprechen! Egal, was ihr auf dem Herzen habt, ihr müsst in Zukunft mit uns darüber reden!«

Die Mädchen nickten und starrten schuldbewusst auf ihre Fußspitzen. Doch mit dem, was Dr. Werber dann sagte, hatten sie nicht gerechnet.

»Steffen wird beim Fischweiher ein Wildgehege bauen. Die Rehkitze bleiben bei uns und zur Strafe müsst ihr die drei aufpäppeln!«

Marie und Maike sahen sich ungläubig an. Was für eine wunderbare Strafe! Wie die Sonne, die sich ihren Weg durch dunkle Regenwolken bahnt, legte sich jetzt ein breites Strahlen auf alle Gesichter.

Dr. Werber nahm seine Tochter in die Arme und drückte sie ganz fest. »Heiner hat recht. Natürlich bin auch ich furchtbar stolz auf dich, meine Große! Hast du schon gesehen? Steffen hat dir einen Kaninchenpalast gebaut. Jetzt, wo er schon mal da ist, wäre es doch schade, wenn er unbewohnt bleiben würde!«

Marie spürte, wie ihr die Freudentränen in die

126

Augen stiegen, und die drei Freunde lächelten sich überglücklich an.

Erleichtert begriff Marie, dass die Wut ihres Vaters gar nicht ihr gegolten hatte. Genauso wenig wie Maike gestern wütend auf Markus war. Ihr Vater war wütend auf den Schmerz gewesen. Auf das quälende Gefühl, was ihr alles hätte passieren können. Auf den Schmerz, sie zu verlieren.

Selig schmiegte sie sich an ihren Vater. Sie fühlte sich nicht nur sehr erwachsen. Sie fühlte sich auch sehr geliebt. Und das war das wunderschönste Gefühl überhaupt.

»So, meine Helden, dann nehmt mal alle am Küchentisch Platz. Ich hab nach so viel Drama ganz schön Hunger.« Verena Werber lachte und trug Kuchen auf.

Er schmeckte Marie noch viel besser als sonst. Vielleicht lag es an der dicken Schicht Schokolade, mit dem ihre Mutter ihn bezogen hatte. Vielleicht lag es auch einfach daran, dass ein überstandenes Abenteuer mit vier geretteten Tieren selbst das trockenste Brot besser schmecken lässt.

Wie die drei Familien so ausgelassen in der Küche saßen, aßen, erzählten und lachten, kletterte Stracciatella auf Maries Schoß. Aus seinen tiefschwarzen Augen schaute er sie mit seinem typisch herzerweichenden Blick an. Und für einen kurzen Moment glaubte Marie, dass er lächelte.

Tiersteckbrief:
DAS REH

Wissenschaftlicher Name: Capreolus capreolus

Klasse: Säugetiere

Familie: Hirsche

Größe: Länge: 100 – 140 cm, Höhe: 60 – 90 cm

Besondere Merkmale: Das männliche Reh, der Bock, trägt ein Geweih, das einmal pro Jahr abfällt, aber dann sofort neu zu wachsen beginnt.

Heimisch in: Europa und Kleinasien (Türkei)

Lebensraum: Rehe sind vor allem im Wald, an Waldrändern und auf Feldern zu beobachten.

Nahrung: Gräser, Blätter, Rinde, Eicheln usw.

Jungtiere: Die Jungtiere der Rehe nennt man Rehkitze. Ein besonderes Merkmal von Rehkitzen sind die weißen Flecken auf ihren Rücken. Sie verschwinden aber, wenn die Tiere älter werden.

Lebenserwartung: 10 – 17 Jahre

UNSERE TIERKLINIK

Kätzchen vermisst

 Für Michael

INHALTSVERZEICHNIS

1. Ferien in der Tierklinik 134

2. Wo ist Minka? 144

3. Marie macht eine Entdeckung 153

4. Woher kommt das rote Kätzchen? 162

5. Ein unerklärlicher Notfall 173

6. Stracciatella benimmt sich daneben 184

7. Milva 194

8. Tiere sind keine Menschen 204

9. Schweinchen 212

10. Das Katzengeheimnis 223

11. Neue Beweise 234

12. Milva soll helfen 243

13. Helden des Tages 252

1. Ferien in der Tierklinik

Die Augustschwüle umhüllte Marie Werber wie ein schwerer Mantel, als sie aus der Haustür auf den Hof ihres Vaters trat. Schläfrige Stille lag über den weißen Gebäuden der Tierklinik, deren Umrisse sich in der flirrenden Hitze aufzulösen schienen.

Marie blinzelte glücklich in den strahlend blauen Himmel, während ihr Hund Stracciatella erwartungsfroh um ihre Beine sprang. Mit festem Blick fixierte er den Tennisball in ihrer Hand, bis sie ihn endlich über den Hof warf und er hinterherjagen konnte.

Marie strahlte und fühlte sich leicht wie eine Daunenfeder: endlich Ferien! Es ging nichts über Sommerferien! Sommerferien schmeckten nach zuckersüßen schwarzen Herzkirschen, nach ausschlafen, nach frischem Heu, nach ausgedehnten Ausritten mit ihrer Freundin Maike, nach baden im

Fischweiher, nach vielen aufregenden Stunden in der Praxis ihres Vaters … nach Freiheit. Eben nach allem, was im Leben Spaß machte. Sommerferien waren einfach wunderbar.

Dass sie dieses Jahr nicht wie andere Kinder verreiste, weil Dr. Werber wegen der vielen stationären Patienten die Klinik nicht schließen konnte, störte Marie kein bisschen. Im Gegenteil. Mehrere Wochen weg von den Tieren, die sie liebevoll mit ihrem Vater und Klinikhelfer Steffen Huber aufpäppelte? Weg von ihren drei Rehen, denen sie das Leben gerettet hatte und die sie hegte und pflegte? Weg von ihrer Freundin Maike, die mit ihren Eltern so gut wie nie in den Urlaub fuhr, weil sie einen Bauernhof zu bewirtschaften hatten? Weg von ihrem Freund Markus, dessen Vater es sich nach einer teuren Scheidung nicht leisten konnte, mit ihm zu verreisen? Unvorstellbar.

Ferien inmitten all ihrer geliebten Tiere und ihren Freunden – schönere Ferien konnte es doch gar nicht geben!

Marie wollte gerade Richtung Rehgehege abbiegen, als Steffen Huber die wuchtigen Holztore des Pferdestalls weit aufstieß in der verzweifelten Hoffnung, eine kühle Brise hereinzulocken. Sein karier-

135

tes Hemd war nass geschwitzt, blonde Haarsträhnen klebten an seiner erhitzten Stirn.

»Hallo ihr zwei, wart ihr heute schon in der Scheune? Der reinste Glutofen, sage ich euch. Und beim Boxenmisten wird mir heute auch nicht gerade kalt«, stöhnte er und wischte sich mit dem Handrücken über das rote Gesicht.

Dann bückte er sich lächelnd zu Stracciatella hinunter und wuschelte ihm durch sein struppiges schwarz-weiß getupftes Fell. »Na, du alter Gauner, nur dir ist nie zu heiß. Spielen geht immer, was?!« Er nahm ihm den Ball aus dem Maul und warf ihn zu dessen Entzücken erneut über den Hof. »Prinzessin, um deine Bambis und deine zwei Mümmler musst du dich erst wieder heute Abend kümmern. Ich habe sie schon mit frischem Wasser, Kraftfutter, einem schattigen Plätzchen und Streicheleinheiten versorgt. Du solltest lieber gleich zu deinem Vater in die Praxis gehen. Da wirst du heute dringender gebraucht.«

Herr Huber griff nach seiner Mistgabel, um weiterzuarbeiten, drehte sich aber noch mal nach

Marie um. »Bevor ich's vergesse! Gratulation zum Zeugnis! Du glaubst gar nicht, wie stolz ich auf dich bin! So gute Noten hat der alte Huber früher nie heimgebracht«. Anerkennend zwinkerte er ihr zu.

Sie spürte, wie ihr vor Freude das Blut in die Wangen schoss. »Danke, Huberchen!«, erwiderte sie und ging rasch Richtung Praxis, damit er nicht ihr Gesicht sah, das jetzt rot wie eine Kirschtomate leuchtete.

Nicht alle freuten sich über ihre guten Noten wie ihre Eltern oder Steffen Huber. Dass es Mitschüler gab, die sie manchmal abfällig als Streberin bezeichneten, schmerzte sie. Schließlich lernte sie nicht, um die Beste in der Klasse zu sein oder um andere zu übertrumpfen. Marie wollte nur eines: in die Fußstapfen ihres Vaters treten und eines Tages eine gute Tierärztin werden. Nur dafür strengte sie sich in der Schule an.

Als sie in das Wartezimmer der Praxis trat, sah Marie sofort, warum Steffen sie umgehend hierhergeschickt hatte. Alle Stühle waren bis auf den letzten Platz besetzt. Vier Hunde, zwei Katzen, ein Papagei, zwei Meerschweinchen, eine Schildkröte und ein Zwerghamster warteten mit ihren Besitzern auf die Behandlung durch ihren Vater.

137

Stracciatella lief fröhlich durch die Reihen, um einen nach dem anderen zu begrüßen. Aber einige Patienten hatten aus Angst vor dem, was hinter der Praxistür auf sie wartete, schlechte Laune.

Ein dicker Boxer knurrte drohend und schnappte nach ihm, ein kleiner Beagle blieb unbeteiligt am Boden liegen und würdigte Stracciatella keines Blickes, die Meerschweinchen drückten sich ängstlich in die hinterste Ecke ihres Käfigs. Der Ara streckte ihm vorwitzig seinen Schnabel zwischen den Gitterstäben entgegen und beschimpfte ihn. *»Dreckspatz, Dreckspatz!«,* krähte er, was sich anhörte wie »Dröckschpaahtz, Dröckschpaahtz!«.

Als Stracciatella neugierig an seinem Schnabel schnüffelte, versuchte er, ihn in seine kleine Nase zu zwicken, und Stracciatella wich beleidigt zurück. Doch dann entdeckte er etwas, das ihn den frechen Angreifer sofort vergessen ließ. Schwanzwedelnd lief er zu einer sehr alten Frau, die am hinteren Ende des Warteraums saß und sich mit einer der ausgelegten Zeitungen Luft zufächelte. Ihr legte er sein struppiges Köpfchen auf den Schoß und ließ sich freudig streicheln.

»Stracciatella, hast du mich wiedererkannt?!?« Sie strahlte ihn an.

»Aber klar erkennt er Sie wieder!«, begrüßte sie jetzt auch Marie, nachdem sie den anderen Wartenden Hallo gesagt hatte. »Frau Prehn, wie geht es Ihnen?«

Die alte Frau zuckte erschrocken zusammen und wedelte aufgeregt mit ihrem Magazin durch die Luft. »Bienen??? Oh mein Gott, hier gibt es Bienen?!«

Marie musste sich ein Grinsen verkneifen und redete jetzt sehr viel lauter: »Nein, Frau Prehn, hier gibt es keine Bienen. Ich wollte nur wissen, wie geht es IHNEN?!«

Uta Prehn war über achtzig und schwerhörig. Sie kam seit Jahren regelmäßig in Dr. Werbers Praxis und gehörte, wie er immer scherzhaft sagte, längst zum Inventar.

»Ach, mein Kind, diese Hitze bringt mich noch um und ich mache mir solche Sorgen ...«

Marie fiel auf, dass Uta Prehn ohne eine ihrer Katzen in die Tierklinik gekommen war. Sie wollte nach dem Grund fragen, aber da ging die Tür zum Behandlungszimmer auf und ihr Vater streckte den Kopf herein, um den nächsten Patienten aufzurufen. »Marie, Gott sei Dank bist du da! Ich brauche dringend deine Unterstützung. Frau Prehn ent-

139

schuldigen Sie, wenn ich Ihnen meine Tochter ent-
reiße?«

Frau Prehn verrutschte ein wenig das Lächeln,
aber sie nickte höflich und Marie folgte ihrem Vater und dessen nächster Patientin in das Behandlungszimmer. In dem hellen, großzügigen Raum
roch es wie immer nach Desinfektionsmittel. Ver-
bandsmull lag fein säuberlich in durchsichtigen
Plastikschubladen neben Einwegspritzen und blitz-
sauberem Operationsbesteck.

Dr. Werber setzte eine verschüchterte Birma-
Katze auf seinen silberglänzenden Behandlungstisch, um sie gründlich zu untersuchen. »Marie,
halte Aphrodite bitte gut fest. Sie wird sich bestimmt gleich wehren. Ihre Besitzerin meint, sie
könne seit ihrem letzten Ausflug kaum noch laufen
und hätte starke Schmerzen in den Hinterbeinen.«

Aphrodite stemmte sich mit ihren Vorderpfoten
gegen den Tisch und fauchte wütend, als Dr. Werber vorsichtig ihre Beine betastete.

»Schon gut, ich tu dir nichts! Ich muss doch herausfinden was du hast«, versuchte der Tierarzt, sie
zu besänftigen.

Aufgewühlt schaute sie Marie aus ihren wunderschönen blauen Augen an.

»Ruhig, Aphrodite, ganz ruhig. Du brauchst keine Angst zu haben. Mein Vater wird deine Beine wieder ganz schnell gesund machen.« Sanft redete Marie auf das verstörte Tier ein und streichelte ihr durch das dichte Fell.

»Das gibt es doch gar nicht!« Dr. Werber legte seine Stirn in tiefe Falten.

Marie sah bestürzt zu ihm auf, sie wusste, diese Mimik bedeutete nichts Gutes.

»Ausgekugelt«, fluchte er, »beide Hinterbeine sind ausgekugelt. Als ob sie jemand an den Beinen durch die Luft geschleudert hätte oder festgehalten hat, als sie weglaufen wollte. Unmöglich, dass sie sich diese Verletzung ohne fremdes Zutun zugezogen hat. So was habe ich in meiner ganzen Laufbahn noch nie erlebt! Armes Kätzchen. Aber keine Sorge, das bekommen wir wieder hin.« Maries Vater zog eine Spritze mit Betäubungsmittel auf. »So, ein kleiner Pikser, dann hast du das Schlimmste schon fast überstanden.«

Sobald die Narkose zu wirken begann, renkte Dr. Werber mit einem gekonnten Griff das erste Bein ein – dann mit einem schnellen Ruck das zweite. Um seine Arbeit zu überprüfen und weitere Verletzungen auszuschließen, machte er Röntgenaufnahmen.

Marie war immer wieder aufs Neue fasziniert davon, wie man mithilfe der Röntgenstrahlen in die Tiere hineinblicken konnte, um ihre Knochen zu sehen. Die Falten auf Dr. Werbers Stirn glätteten sich. Aphrodites Beine sahen wieder gut aus.

»Was glaubst du, wer so etwas macht?«, fragte Marie erschüttert, während Dr. Werber die Katze zurück in ihren Korb setzte.

»Keine Ahnung!« Dr. Werber schüttelte wütend den Kopf. »Vielleicht gemeine Halbstarke, die aus purer Langeweile ein Tier quälen? Katzenhasser? Es gibt so viele traurige Möglichkeiten. Dass ein Hund oder ein anderes Tier Aphrodite gepackt und geschüttelt hat oder dass sie ein Auto angefahren hat, schließe ich aus. Sie hat keinerlei Bissverletzungen oder Schürfwunden.«

Dr. Werber desinfizierte den Behandlungstisch, nahm die Röntgenaufnahmen vom Leuchtkasten und bat seine Tochter, Uta Prehn hereinzurufen. »Ich weiß nicht, warum sie gekommen ist, sie hat keinen Termin. Aber wir können die alte Frau in der Hitze nicht so lange warten lassen. Bitte die anderen Wartenden um Nachsicht.«

Während Marie die gebrechliche Frau vorsichtig in das Behandlungszimmer führte, zermarterte sie sich das Gehirn, wer Aphrodite so verletzt haben könnte, aber sie fand keine Lösung. Als sie jetzt in das Gesicht der alten Frau blickte, spürte sie, dass dies nicht ihre einzige Sorge für heute bleiben sollte. Frau Prehn ließ sich erschöpft auf den Stuhl vor dem Schreibtisch fallen und schnäuzte in ihr besticktes Taschentuch.

»Herr Doktor, Sie müssen mir helfen«, klagte sie. »Ich bin so verzweifelt. Minka ist verschwunden!«

2. Wo ist Minka?

Drei Tollwut-Impfungen, eine Nachuntersuchung, eine eingequetschte Hundepfote, eine Kastration, ein verschluckter Ohrstecker im Schildkrötenmagen und ein entzündetes Katzenohr später rief Marie den letzten Patienten auf.

Der Beagle lag immer noch teilnahmslos und schwer hechelnd auf dem Boden und Marie musste den entkräfteten Hund ins Behandlungszimmer tragen. Ein besorgter Anwohner hatte das erschöpfte Tier im Nachbarsgarten entdeckt und in die Praxis gebracht. Seine Besitzer waren weggefahren und hatten den kleinen Kerl in der prallen Sonne an ein Klettergerüst angebunden zurückgelassen. Ohne Wasser und ohne schützenden Schatten.

Marie war bestürzt, wie verantwortungslos manche Menschen mit ihren Tieren umgingen. Wie mit einem uninteressant gewordenen Spielzeug, einem Gegenstand, der irgendwann lästig wird und den man einfach in die Ecke stellt, wenn man ihn nicht mehr braucht. Wie konnten die Besitzer ihrem Tier so etwas antun?

Während der Untersuchung musste Marie den Beagle nicht mal festhalten, so geschwächt war er.

Ihr Vater hörte ihn ab, maß seine Temperatur und brauchte nicht lange, um eine Diagnose zu stellen: »Der arme Kerl hat einen schlimmen Hitzschlag! Kein Wunder, wenn er schutzlos der Sonne ausgesetzt gewesen ist. Hunde sind da viel empfindlicher als wir. Sie können ihre Wärme nicht durch Schwitzen über die Körperoberfläche ableiten wie die Menschen. Ein Hund hat nur zwei Möglichkeiten sich abzukühlen: über die Schweißdrüsen an seinen Pfoten oder durch Hecheln. Solche Tierhalter sollte man einsperren«, schimpfte Dr. Werber und bereitete eine Infusion vor.

Auf seiner Stirn bildeten sich wieder, wie frisch hineingebügelt, tiefe Falten. »Marie, mach ihm bitte sofort kalte Umschläge. Wir dürfen keine Zeit verlieren, wir müssen rasch seine Körpertemperatur senken«, sagte er und verabreichte dem immer noch schwer keuchenden Hund ein Medikament.

»Hätte ihn der Nachbar etwas später gefunden, wäre er sicher gestorben. Aber ich denke, er kommt durch. Wir behalten ihn vorerst hier und ich werde heute Nacht ein Auge auf ihn haben. Gleich morgen erstatte ich Anzeige wegen Tierquälerei. Dann kommt er wahrscheinlich erst einmal ins Tierheim. Aber ich hoffe, ihm sind in seinem kleinen Hundeleben neue Besitzer vergönnt, die sich besser um ihn kümmern!«

Der Beagle schaute Dr. Werber aus seinen schokoladenbraunen Augen traurig an, so als hätte er jedes einzelne Wort verstanden, und Marie streichelte ihm aufmunternd über seinen heißen Kopf.

Der Abend legte sich bereits wie ein dunkler Schleier über Hof und Felder, als Marie und Stracciatella die Praxis verließen. Ein Vogel schrie irgendwo drüben in den Baumwipfeln, der Sand knirschte unter Maries Schuhen und im Stall hörte sie die Pferde schnauben. Es war windig geworden, dann und wann spürte sie einen Regentropfen im Gesicht. Von ferne grollte der Donner – die Schwüle des Tages drohte sich in einem schweren Sommergewitter zu entladen.

Heiße Wut stieg in Marie auf, wenn sie daran

dachte, welche Qualen Aphrodite und der Beagle hatten erleiden müssen. Sie machte sich in ihr breit, bis sie in jedem Finger und jedem Zeh pulsierte. Die beiden Fälle nahmen sie so gefangen, dass sie Frau Prehn und ihre Minka schon fast wieder vergessen hatte.

Im Stall brannte noch Licht. Herr Huber hatte die Rehe wegen des drohenden Unwetters in eine geräumige Box gebracht und fütterte sie mit frischem Heu. Stracciatella sprang überglücklich an ihnen hoch und leckte ihre zarten Gesichtchen, was die Rehe mit zärtlichen Nasenstübern erwiderten.

»Stracciatella, deine drei Freunde kommen ja vor lauter Liebesbezeugungen überhaupt nicht zum Fressen. Sie brauchen jetzt ihre Ruhe«, meinte Steffen Huber lachend und zog den stürmischen Hund sanft am Halsband aus der Box.

Er schloss die Tür, schaltete das Licht aus, setzte sich mit Stracciatella auf die Strohballen, die in der Stallgasse auf das Misten am nächsten Morgen warteten, und fuhr sich müde mit seinem Hemdsärmel durch das staubige Gesicht. Marie nahm neben den beiden Platz, schaute betrübt zu Boden und stöhnte: »Was für ein Tag!«

Draußen zuckte ein Blitz über den schwarzen

Himmel, die gewittrige Wolkenwand war jetzt näher gekommen.

Stracciatella spürte, dass Marie die traurigen Ereignisse des Tages noch mit sich herumtrug, und kuschelte sich tröstend an sie. Als das nichts half, verstärkte er seine Anstrengungen, stellte seine Vorderpfoten auf ihre Brust und begann hingebungsvoll, ihr Gesicht zu lecken.

»Ist schon gut, Stracciatella.« Marie lächelte, schob ihn sanft von sich und streichelte ihm sein struppiges Fell. »Das kitzelt.«

Stracciatella ließ von ihr ab, legte sich abwartend neben sie und bettete sein Köpfchen auf ihren Schoß.

Steffen schaute sie mit diesem typischen Huber-Blick nachdenklich von der Seite an. Ihm konnte Marie nichts vormachen, er merkte immer sofort, wenn etwas nicht mit ihr stimmte. Sie hatte sich schon oft gefragt, wie er das machte. Ob er in sie hineinsehen konnte? Wie ihr Vater mit seinem Röntgenapparat in die Tiere?

»Na, Prinzessin, gab es wieder traurige Fälle in der Praxis?«

Marie zog einen Strohhalm aus dem Ballen und nickte. Der Regen prasselte jetzt laut gegen die

Stallfenster, als ob ein Riese mit seinen Fingern dagegentrommelte. Ein sanfter Lichtschein fiel vom Hauptgebäude in die Boxen und verzauberte die Pferde in schemenhafte Gestalten.

»Ich verstehe, dass es schwierig ist, Kleine, aber auch die traurigen Seiten gehören nun mal zum Beruf des Tierarztes.«

Marie nickte abermals. »Ich weiß ja, aber es fällt mir so unendlich schwer, mich daran zu gewöhnen.« Sie rollte den Halm zwischen ihren Fingern und dachte nach.

»Daran wirst du dich auch nie gewöhnen, aber du wirst lernen, es zu akzeptieren!«, erwiderte Steffen und legte aufmunternd einen Arm um ihre Schulter.

Ohne sein Köpfchen zu heben, schielte Stracciatella sie mit seinen schwarzen Augen an, als wollte er Steffen stumm beipflichten.

Plötzlich donnerte es krachend, ein junger Rappe zuckte erschrocken zusammen, ein fülliges Shetlandpony tänzelte nervös durch seine Box.

149

Irgendwo draußen wurde ein offenes Fenster vom Wind laut scheppernd hin- und hergestoßen. Für einen kurzen Augenblick erleuchtete ein greller Blitz die schummrige Stallgasse und Marie glaubte, eine Katze am hinteren Ende des Stalls zu sehen.

Unmöglich, dachte sie und rieb sich die Augen. Ich sehe schon Gespenster.

Schließlich gab es keine Katze auf dem Hof. Auch wenn Steffen und sie sich schon immer eine gewünscht hatten.

Wie oft fluchte er, wenn er aus der Futterkammer kam: »Wir brauchen endlich eine Mieze, die hier mal ordentlich aufräumt. Die gierigen Mäuse fressen uns noch die Haare vom Kopf. Es fehlen schon wieder Kraftfutter und Hafer.«

Marie wusste, dass die Mäuse nicht der eigentliche Grund waren, warum Steffen eine Katze wollte. Er hätte genauso gut Lebendfallen aufstellen können, um dem Mäuseproblem Herr zu werden. Niemals hätte er zugegeben, dass er sich ein Tier im Stall wünschte, das ihm allein gehört. Eine Katze, die dort jeden Tag auf ihn wartete und ihm Gesellschaft leistete, wenn er sich um die Pferde kümmerte. Um die Pferde, die alle nicht lange blieben, von denen er sich eines Tages wieder trennen musste.

Aber Maries Vater war gegen eine Katze. »Als ob wir nicht schon genug Tiere hätten«, wiegelte er Maries Wunsch stets ab. »Ein Hund, zwei Kaninchen, drei Rehe, ich finde das reicht.«

Dabei hatte Steffen keine Familie wie Marie, seine Frau war vor vielen Jahren bei einem Autounfall ums Leben gekommen. Seitdem war er alleine. Er beteuerte zwar immer, das sei in Ordnung so, Maries Vater, ihre Mutter, sie und die Tiere auf dem Hof, das sei seine Familie. Aber eine eigene Katze, da war Marie sich sicher, hätte ihm viel bedeutet. Dr. Werber darum zu bitten, brachte er jedoch nicht übers Herz, dazu war Steffen viel zu bescheiden.

Beim Gedanken an die Katze fiel Marie wieder Uta Prehn ein und sie erzählte Steffen von ihrem Besuch in der Tierklinik.

»Glaubst du, Minka ist etwas zugestoßen?«, fragte Marie. »Paps nimmt Frau Prehn jedenfalls nicht ernst. Er meint, dass es Minka bestimmt gut geht und dass sich die alte Frau mal wieder nur unnötige Sorgen macht. Du kennst sie ja. Aber ich habe kein gutes Gefühl bei der Sache. Minka ist noch nie lange fortgeblieben, das hat Frau Prehn erzählt. Und jetzt, wo Minka Junge hat, kann ich mir

151

erst recht nicht vorstellen, dass sie weggelaufen ist. Warum sollte sie? Minka ist keine Streunerin.«

Steffen kratzte sich am Hinterkopf und dachte nach. »Wie lange ist sie denn schon fort?«, fragte er schließlich.

»Seit gestern«, antwortete Marie.

»Dann würde ich mir auch noch nichts denken«, erwiderte er. »Katzen machen gerne mal einen Ausflug. Sie ist sicher längst wieder zurück. Bei dem Unwetter da draußen kommt jeder Sofatiger freiwillig nach Hause.«

Erneut erhellte ein Blitz den Stall. Marie kniff schnell die Augen zusammen. Jetzt gab es keinen Zweifel mehr: Am Ende der Stallgasse saß wirklich eine Katze! Viel kleiner und schlanker als Minka. Aber Marie war sich ganz sicher.

Auch Steffen schien sie bemerkt zu haben. »Im Moment glaube ich weniger, dass eine Katze verschwunden ist«, sagte er. »So wie es aussieht, ist hier vielmehr plötzlich eine aufgetaucht.«

3. Marie macht eine Entdeckung

Am nächsten Tag fehlte von Minka noch immer jede Spur. Das Gewitter hatte sich verzogen, von den Bäumen tropfte es noch ein wenig, aber im satten Himmelblau trieben wieder Schäfchenwolken wie strahlend weiße Watte. Die Luft, die Straßen, die Häuser, alles wirkte wie frisch gewaschen.

Marie sog tief die saubere Luft ein, sie liebte den Geruch von Sommerregen auf heißem Asphalt. Auf dem Rücken trug sie einen Rucksack mit Badesachen und Proviant, für heute war sie mit Maike und Markus verabredet. Die drei Freunde wollten mit Herrn Huber, Maikes dicklichem Haflingerpony, zum Baggersee im nächsten Ort reiten. Der kristallklare See war etwa zehnmal so groß wie der Fischweiher hinter der Tierklinik und über einen herrlichen Reitweg einfach zu erreichen.

Anstatt den direkten Weg zu Maike über die Felder zu wählen, beschloss Marie, einen Umweg über das Dorf zu machen, um dort nach Minka Ausschau zu halten. Einige Bewohner waren verreist oder hatten sich in die Schatten ihrer kühlen Häuser zurückgezogen und die Rollläden heruntergelassen in der Hoffnung, die Wärme auszuschließen. Nur ab und zu zog Marie verwunderte Blicke auf sich, wenn sie »Minka! Minkaaaa! Komm, Minka!« rufend durch die Straßen ging.

Stracciatella lief mit ernster Miene voraus, die Nase stets dicht über dem Boden. Wie ein ausgebildeter Spürhund schnüffelte er konzentriert an jeder Häuserecke, steckte seine feuchte Nase in Kellerfenster, Garagen und Blumenkübel, nahm hinter Hecken und Autos Witterung auf. Jedes Mal wenn er tatsächlich eine Katze aufspürte, bellte er aufgeregt, aber Minka war nicht darunter.

An mehreren Bäumen und Häuserwänden entdeckte Marie Zettel. Sie hielt inne, um zu lesen, was darauf stand. Uta Prehn hatte mit ihrer schönen alten Schrift einen kurzen Text verfasst:

Kätzchen vermisst!
Beige-braune Siamkatze mit blauen Augen. Sie trägt ein
grünes Halsband mit silbernen Sternchen. Hört auf den
Namen Minka. Hinweise bitte an Uta Prehn, Tel. 66431,
oder an die Tierklinik Dr. Werber, 66412. Der Finder be-
kommt eine Belohnung.

Marie tat die einsame Frau furchtbar leid. Wie musste sie sich fühlen?! Ohne ihre Minka! Seit dem Tod
ihres Mannes war die Katze für sie ihr Ein und Alles.

Ich werde Minka finden!, schwor Marie sich.
Koste es, was es wolle!

Und wenn Marie sich etwas in den Kopf gesetzt
hatte, war nicht daran zu rütteln.

Als Marie auf Staudtes Bauernhof eintraf, war von
Maike und Markus weit und breit nichts zu sehen.
Auch Herr Huber schien noch im Stall oder auf der
Weide zu sein.

Doch dann hörte sie von irgendwoher Maikes
Stimme, konnte ihre Freundin aber nirgends ausmachen. Nach einigem Suchen entdeckte sie plötzlich Maikes rote Mähne zwischen Rosenkohl und
Stachelbeeren am anderen Ende des Hofes in San-

dra Staudtes Gemüsegarten. Maike kroch auf allen vieren durchs Gras und spähte unter eine Hecke.

»Was um alles in der Welt machst du da? Hast du was verloren?«, fragte Marie verdutzt.

Stracciatella fand es großartig, dass sich Maike auf Hundehöhe begeben hatte und er sich nicht weiter anzustrengen brauchte, um ihr selig übers Gesicht zu lecken.

»Stracciatella, lass das, ich habe mich heute schon gewaschen!« Maike versuchte, den um sie herumtanzenden Hund mit der Hand abzuwimmeln, aber er ließ nicht von ihr ab. Schließlich erhob sie sich ein wenig genervt und klopfte sich Erde und Grashalme von den Knien. Ihre roten Locken hingen wirr in ihr hübsches Gesicht.

»Ich suche Leo«, sagte sie mit einem tiefen Seufzer. »Unser Kater hat heute einen Impftermin bei deinem Vater, und Mama sollte schon längst mit ihm in der Tierklinik sein. Aber der alte Streuner ist seit zwei Tagen auf Pirsch und ich kann ihn nirgends finden. Ich fürchte, wir müssen den Termin leider verschieben. Ich habe wirklich keine Lust, unseren Ausflug zu verpassen, nur weil der gnädige Herr Kater mal wieder auf Streifzug ist. Komm, wir holen Herrn Huber von der Koppel, Markus ist auch gleich da. Ich wette, wenn wir vom Baden zurückkommen, wird Leo vor der Tür sitzen, mich mit seinen großen Augen unschuldig anschauen und wie immer so tun, als wäre nichts gewesen.«

Der Weg zum Baggersee lag in der Sonne und vor allem Markus kam auf seinem chromblitzenden Mountainbike ganz schön ins Schwitzen. Seine blonden Haare waren feucht und sein Gesicht glühte so feuerrot, dass seine Sommersprossen viel heller als sonst erschienen.

Huberchen trottete wie immer gemächlich vor sich hin und Maike musste ihn ordentlich antreiben, damit er unterwegs nicht stehen blieb. Marie lächelte über sein unwilliges Schnauben. Sie spürte seinen warmen, runden Bauch zwischen ihren Schenkeln, hörte, wie er seine Hufe schwer auf dem verdorrten Grasweg aufsetzte, und wünschte sich, dass man Momente wie diese aufbewahren könnte. Wie besonders schöne Murmeln, Schneckenhäuser oder Sammelbildchen in einer alten Tabakkiste. Um sie immer wieder hervorzuholen und sich daran erfreuen zu können an anderen, grauen Tagen. An Tagen, die nicht nach Sommer, Freundschaft, Freiheit oder verschwitztem Pferdefell rochen. Für so viel

Glück brauchte man allerdings eine riesige Tabakkiste, dachte Marie und drückte Stracciatella zärtlich an sich.

Der Tag hätte nicht schöner sein können. Wenn nur nicht die Sorge um Minka gewesen wäre. Immer wieder schaute sich Marie suchend um in der Hoffnung, irgendwo die vermisste Katze zu entdecken. Als sie an einer Reihe kleiner Schrebergärten vorbeikamen, die verlassen in der Mittagshitze dösten, schrie Marie plötzlich laut auf: »Maike, halt Huber an! Dort, in dem Garten hinter der Brombeerhecke, siehst du die Siamkatze? Da ist Minka!«

Marie und Stracciatella sprangen von Huberchens Rücken und noch ehe Maike etwas erwidern konnte, stürmten sie los. Maike und Markus sahen sich verdutzt an.

»Welche Minka?«, fragte Markus und stieg vom Rad.

»Die Katze von Uta Prehn. Sie ist seit zwei Tagen verschwunden und Marie glaubt, ihr ist etwas zugestoßen. Sie sucht sie schon den ganzen Vormittag«, antwortete Maike, dann rief sie der Freundin noch hinterher: »Ich kann mir nicht vorstellen, dass die Katze …« Aber Marie war schon am Gartentor, vergewisserte sich kurz, ob sie auch niemand beobachtete, und betrat mit Stracciatella das fremde Grundstück.

»Minka, komm her«, lockte Marie und ging vor der Hecke in die Hocke.

Die Siamkatze sah sie verstört aus tiefblauen Augen an und rührte sich nicht von der Stelle.

»Minka, ich bin's, Marie! Erkennst du mich denn nicht wieder?«

»Wohl kaum«, polterte jetzt eine tiefe Stimme hinter ihnen und Marie und Stracciatella fuhren erschrocken herum.

Ein Mann mit unzähligen kleinen Leberflecken im Gesicht war hinter den beiden aufgetaucht. Er überragte sie um gut fünf Köpfe und sah robust aus wie ein Silo. In der Hand hielt er eine Gießkanne und machte ein Gesicht, als hätte er auf etwas Saures gebissen. »Junges Fräulein, können Sie mir bitte mal verraten, was Sie in meinem Garten zu suchen haben?!«

»Ich wollte Minka einfangen und zu ihrer Besitzerin und ihren Jungen zurückbringen«, erklärte Marie kleinlaut und erhob sich zögerlich.

Stracciatella setzte sich artig neben sie und schaute den unheimlichen Mann mit herzwei-

chendem Blick an. So als wolle er ihn damit milde
stimmen.

Auf dem düsteren Gesicht des Mannes blühte tat-
sächlich ein unerwartetes Lächeln auf. »Minka?
Und Junge?« Er grinste breit und sah mit den vie-
len Punkten im Gesicht aus wie ein beschwipster
Marienkäfer. »Das wäre aber mal ein biologisches
Wunder! Das dort unter der Hecke ist mein Anton.
Ein strammer Kater. Tut mir leid, mit einer Minka
kann ich nicht dienen.«

Erst jetzt fiel Marie auf, dass die Katze unter der
Hecke gar kein Halsband trug. Marie entschuldigte
sich tausendmal und schlich ziemlich beschämt zurück zu ihren Freunden.

»Mariechen, jetzt mach dich doch wegen Minka
nicht so verrückt! Du wirst sehen, sie taucht wieder
von ganz alleine auf. Unser Leo ist schon mal eine
ganze Woche weggeblieben. Los, sitz auf!«, versuchte Maike die Freundin zu beruhigen.

»Nein, sie kommt nicht von alleine wieder, ich
habe ein ungutes Gefühl«, erwiderte Marie trotzig
und schwang sich auf Huberchens Rücken. »Minka
ist nicht Leo. Sie ist noch nie weggelaufen. Irgendetwas ist da faul. Erst verschwindet Minka, dann
taucht diese kleine rote Katze bei uns im Stall auf ...«

160

»Was für eine rote Katze?«, unterbrach sie Markus und trat etwas langsamer in die Pedale.

»Eine sehr zierliche, winzige rote Katze«, erklärte Marie. »Mit seltsamen Kratzspuren auf dem Rücken, als wäre sie irgendwo entlanggeschrammt. An einigen Stellen fehlt ihr sogar das Fell. Paps hat sie untersucht und ihre Wunden desinfiziert, es geht ihr so weit gut. Aber weder mein Vater noch ich haben sie vorher je gesehen. Und bis jetzt hat sich auch niemand gemeldet, der sie vermisst. Ihr könnt sagen, was ihr wollt – ich finde das Ganze merkwürdig.«

Markus und Maike schauten sich vielsagend an, schwiegen jetzt aber. Sie hatten etwa einen Kilometer zurückgelegt, als Maike Herrn Huber plötzlich durchparierte. Auch Markus verringerte sein Tempo und dann starrten alle drei auf einen Anschlag der bettvorlegergroß an einer alten Holztafel prangte:

Hohe Belohnung ausgesetzt für Perserkatze »Choco von Papenburg«. Choco wird seit dem 3. August vermisst. Sie hat schwarzes Fell und grüne Augen. Tel. 66317

4. Woher kommt das rote Kätzchen?

Nachdenklich zeichnete Marie mit dem Zeigefinger Katzen in den warmen Sand. Die rundliche Minka, daneben das winzige rote Kätzchen. Sie war unendlich erleichtert, dass Maike und Markus ihr schließlich doch glaubten. An der Sache mit den Katzen war irgendetwas faul. Auch wenn keiner der drei die leiseste Idee hatte, was mit ihnen geschehen sein konnte.

Sie hatten ihre Handtücher unter einem Laubbaum ausgebreitet und ließen sich von der Sommerwärme trocknen. Mühsam kämpfte sich die Sonne durch das dichte Blattwerk und malte tanzende Lichttupfer auf ihre Haut. Wie zerknitterte Alufolie glitzerte das glasklare Wasser des Baggersees in der Sonne, und Stracciatella wurde nicht müde, den winzigen Wellen hinterherzujagen, die sanft plätschernd am sandigen Ufer leckten.

Während die Kinder im Schatten dösten, machte Herr Huber mal wieder das, was er am besten konnte: sich den Bauch vollschlagen! Höchst zufrieden kaute er an den Grashalmen, die hier am Seeufer noch schön grün und saftig waren.

»Was werdet ihr jetzt mit der kleinen roten Katze machen?«, fragte Markus und biss in sein mitgebrachtes Käsebrötchen.

»Bis der Besitzer gefunden ist, bleibt sie erst mal in der Tierklinik. Paps hat einen Anschlag im Wartezimmer aufgehängt und in der Zeitung inseriert. Vielleicht meldet sich jemand, der das Kätzchen vermisst«, erwiderte Marie. »Allerdings ist er der Meinung, dass es ein typisches Urlaubsopfer ist. Du weißt ja, wie das jedes Jahr in der Ferienzeit abläuft: Die Leute wollen wegfahren oder wegfliegen, das Haustier kann nicht mit und ist plötzlich lästig. Es für diese Zeit in einem Tierheim oder einer Tierpension unterzubringen, kostet Geld, das manche nicht ausgeben wollen. Also setzen sie es einfach aus. Paps meint, das sei auch der Grund, warum bis jetzt niemand die rote Katze vermisst.«

Marie wischte mit der flachen Hand ihre Katzen-

163

sandbilder weg, drehte sich auf den Rücken und starrte in die sanft im Wind schaukelnden Blätter.

»Aber warum hat sie dann die seltsamen Kratzspuren auf dem Rücken und warum fehlt ihr stellenweise das Fell?«, überlegte Markus laut. »Das macht doch keinen Sinn! Wenn jemand ein Tier loswerden will, setzt er es einfach aus. Aber er zerkratzt ihm doch vorher nicht den Rücken! Ist das Kätzchen denn unterernährt?«

Marie schüttelte den Kopf. »Nein, gar nicht. Sie ist zwar die kleinste und zierlichste Katze, die ich je gesehen habe. Aber abgemagert ist sie nicht. Sie ist eigentlich sehr gepflegt und hatte auch kein Ungeziefer im Fell wie Flöhe oder Milben, als sie bei uns im Stall aufgetaucht ist. Sehr lange kann sie noch nicht auf sich gestellt gewesen sein.«

Maike rubbelte sich mit einem Handtuch ihre fuchsroten Locken trocken, Markus kaute konzentriert sein Brötchen.

»Und wenn sie gar kein Urlaubsopfer ist und sich einfach einen neuen Besitzer gesucht hat?«, fragte er mit vollem Mund. »Katzen machen das manchmal. Mein Onkel hatte mal einen gestreiften Kater: Tiger. Als mein Onkel sich dann eines Tages eine zweite Katze angeschafft hat, ist Tiger fürchterlich eifersüchtig auf den Neuankömmling geworden. Irgendwann war es ihm dann zu dumm und er hat sich einfach eine neue Familie gesucht. Eine, die noch kein Haustier hatte, bei der er wieder der alleinige Liebling war. Jetzt lebt Tiger nur ein paar Häuser weiter in derselben Straße bei anderen Leuten und ist dort sehr glücklich. Wenn ich ein Kater wäre, würde ich auch sofort zu dir ziehen. Besser als bei dir kann es ein Tier ja gar nicht haben.« Er zwinkerte Marie zu.

Verlegen strich sich Marie eine blonde Strähne aus dem Gesicht, das jetzt eine leichte Röte überflutete.

Manchmal sagte Markus solche Sachen oder er schaute sie mit so einem eigenartigen Blick an, und dann wurde ihr immer ganz warm im Bauch. Ein schönes, aber merkwürdiges Gefühl, von dem sie nicht so recht wusste, was sie davon zu halten hatte.

Maike tat so, als hätte sie den letzten Satz nicht gehört, und schmierte sich betont sorgsam mit Sonnencreme ein. Die beiden Mädchen mochten Markus sehr, trotzdem fürchtete Maike immer mal wieder, er könnte ihren Platz bei Marie einnehmen. Den Platz der allerbesten Freundin. Der Person, der sie alles anvertraute, mit der sie Geheimnisse und schöne wie traurige Erlebnisse teilte. Auch wenn das natürlich Quatsch war. Maike schüttelte die beißende Eifersucht ab wie Stracciatella die Wassertropfen aus seinem nassen Fell.

»Aber wenn sich die rote Katze Werbers als neue Familie ausgesucht hätte, gäbe es ja trotzdem jemanden, der die Katze vermisst.« Maike wandte sich an Markus. »Dein Onkel hat seinen Tiger damals bestimmt auch gesucht, als er nicht wieder heimgekommen ist!«

Marie liebte Maike für ihre rasche Auffassungsgabe. Sie mochte zwar die chaotischere von ihnen beiden sein, aber manchmal konnte sie einfach schneller denken. Während Markus und sie noch über ein Problem oder eine Frage nachdachten, hatte Maike meist schon längst eine Antwort parat.

Irgendwo in der Ferne schlug eine Kirchturmuhr. »Oh, Hühnermist!«, rief Maike und sprang von ihrem Handtuch auf. »Hab ich gerade richtig gezählt? Ist es schon fünf Uhr?«

Markus nickte. »Verdammt, wie schnell die Zeit vergeht. Kommt, wir müssen aufbrechen, ich habe meinen Eltern versprochen, pünktlich zum Abendessen zurück zu sein. Wir haben noch gut eine Stunde Ritt vor uns.«

Herr Huber trennte sich nur unwillig von seinem geliebten Gras. Aber als Maike ihn in Richtung Heimat lenkte, lockte ihn die Aussicht auf Heu und Kraftfutter und er legte freiwillig eine flotte Gangart an den Tag.

Stracciatella war vom vielen Im-Wasser-Herumtollen hundemüde und es dauerte nicht lange, da wiegte ihn Herrn Hubers schaukelnder Schritt in den Schlaf. Entspannt an Marie gekuschelt schnarchte er selig vor sich hin und die Mädchen mussten über sein drolliges Hundesägen lachen. Doch das Lachen sollte ihnen recht bald vergehen.

Kaum hatten die Kinder die Hauptstraße des Nachbarorts verlassen und waren auf den Heimweg eingebogen, machten sie eine weitere unerfreuliche Entdeckung. An einem etwas windschiefen Zeitungskiosk hing ein großes Plakat mit dem Foto einer wunderschönen Norwegischen Waldkatze. Darunter stand in großen Lettern geschrieben:

»Annabelle Morgentau« vermisst. Wir sind sehr traurig und wären über alles dankbar, wenn sie bald wieder bei uns sein könnte. Wer hat unsere Annabelle gesehen? Sie

ist eine preisgekrönte Norwegische Waldkatze, sehr zutraulich und zwei Jahre alt. Hinweise bitte an Familie Gerold, Tel. 66899. Auf den Finder wartet eine Belohnung.

Markus pfiff leise durch die Zähne. »Jetzt sind es schon drei. Minka, Choco und diese Annabelle. Von Zufall kann wirklich keine Rede mehr sein.«

Er stieg vom Rad, lehnte es an eine Mülltonne und wandte sich an die Kioskbesitzerin, die dabei war, bunte Klatschblätter aus den Ständern zu nehmen. Die runde Frau hatte ein freundliches Gesicht und Arme, die weich wie Nackenkissen aussahen.

»Entschuldigen Sie, aber wissen Sie zufällig, was es mit dieser Katze auf sich hat?«, fragte Markus und deutete auf das Plakat.

»Mit Annabelle?« Ihre herzlichen Augen trübte sofort ein trauriger Schleier. »Das Tierchen ist seit zwei Tagen spurlos verschwunden. Es gehört meinen Nachbarn. Die arme Familie Gerold ist so unglücklich. Vor allem ihre Tochter Tanja leidet sehr.« Sie seufzte. »Ich verstehe das alles nicht. Annabelle hat sich nur im Haus und höchstens mal im Garten der Gerolds aufgehalten. Sie hat sich nie raus auf die Straße getraut. Wissen Sie, ich versorge Annabelle, wenn Gerolds nicht da sind. Annabelle ist eine so liebe und verschmuste Katze, sie ist uns allen sehr ans Herz gewachsen. Es wäre schrecklich, wenn sie nicht wieder auftauchen sollte.« Bekümmert starrte sie auf das Foto und wischte sich verstohlen eine kleine Träne aus dem Augenwinkel.

Markus bedankte sich für die Auskunft, und die Pony-Fahrrad-Karawane bewegte sich schweigend weiter Richtung Heimat.

Maries Gedanken fuhren in ihrem Kopf Achterbahn. Drei Katzen waren verschwunden. Ob sie vielleicht von Autos überfahren worden waren und keiner sie gefunden hatte? Das kam leider immer wieder vor. Marie musste schon oft miterleben, wie verzweifelte Autofahrer Katzen in die Praxis brachten, die ihnen vors Auto gelaufen waren und für die jede Hilfe zu spät kam. Nicht immer ließ sich der Besitzer ermitteln.

»Vielleicht sind sie überfahren worden?«, brach Marie das Schweigen.

»Drei Katzen innerhalb so kurzer Zeit und in allen drei Fällen hat niemand ein totes Tier gefunden?! Hört sich nicht sehr logisch an«, meinte Markus. »Und du hast die Frau vom Kiosk gehört – Annabelle hat sich gar nicht auf die Straße gewagt.«

169

»Was, wenn sie ein Fuchs geholt hat?«, fragte jetzt Maike.

»Füchse wollen nichts von Katzen wissen«, sagte Marie. »Sie ernähren sich in erster Linie von Mäusen und Ratten. Wenn sie die Gelegenheit bekommen, fressen sie auch mal ein Huhn. Aber Katzen gehören ganz und gar nicht zu ihrer Beute.«

So angestrengt die drei auch nachdachten, sie fanden keine vernünftige Erklärung.

Als sie fast zu Hause waren und die Weiden von Bauer Nicolas Gündner passierten, dessen Grundstück an das von Maikes Eltern grenzte, musste Marie lächeln. Neben dem alten Schuppen glänzte in der Sonne ein silbergrauer Pick-up mit einem großen Holzanhänger, den sie noch nie zuvor gesehen hatte.

»Macht ein Zirkus bei uns Station?«, fragte sie aufgeregt und deutete auf ihre Entdeckung.

Markus beschirmte sich die Augen mit der Hand und musterte Auto und Anhänger.

»Ich muss dich enttäuschen, das ist kein Zirkuswagen, sondern ein Bauwagen«, erwiderte er. »Darin wohnen zum Beispiel Bauarbeiter, wenn sie längere Zeit auf einer Baustelle beschäftigt sind.«

Schade, dachte Marie. Über einen Zirkus im Ort

hätte sie sich sehr gefreut. Akrobaten, Clowns, Hunde, die Kunststückchen vollführen, Zuckerwatte – Marie liebte den Zirkus.

Als sie das letzte Mal mit ihren Eltern im Zirkus gewesen war, konnte sie gar nicht genug von der Hundedressur bekommen. Vier Pudel und zwei Dalmatiner ritten auf dem Rücken eines Ponys, machten Saltos und schubsten ihren Trainer durch die Manege.

Seitdem versuchte Marie, Stracciatella auch für Kunststückchen zu begeistern, aber über »Pfötchen geben« waren sie bis jetzt nicht hinausgekommen.

Herr Huber fiel jetzt in einen ungeduldigen Trab. Er konnte nicht schnell genug in den Stall zu seinem Futter kommen. Stracciatella wurde von den unsanften Bewegungen wach gerüttelt und gähnte herzhaft.

Als die Mädchen das Pony in seiner Box tränkten und sein schweißnasses Fell mit Stroh trocken rieben, war Stracciatella wieder putzmunter und versuchte, den Kühen in Hubers Nachbarschaft über die breiten Mäuler zu lecken. Die schnüffelten neugierig an seiner vorwitzigen Nase und glotzten ihn aus ihren dunklen, sanften Augen verdutzt an.

171

»Na, Stracciatella, bist du wieder dabei, dir neue Freunde zu erobern?« Sandra Staudte, die mit einem Tablett voll frischer Limonade in den Stall gekommen war, lächelte. »Hallo, ihr drei, ich habe euch schon kommen gehört. Ihr müsst fürchterlichen Durst haben. Trinkt erst mal was! Maike, das Essen ist auch gleich fertig. Kommst du dann?«

Maike nickte, ihre Mutter stellte das Tablett auf einem Heuballen ab und ging zurück Richtung Küche. Bevor sie den Stall verließ, drehte sie sich noch einmal um. »Ach übrigens, ich habe mit Dr. Werber für nächste Woche einen neuen Impftermin ausgemacht. Leo ist immer noch nicht zurück.«

Marie und Markus bemerkten, wie Maike das Blut aus den Wangen wich und sie auf einmal blass wurde wie ein Bettlaken. Keiner sagte ein Wort. Alle hatten sie den gleichen schrecklichen Gedanken.

5. Ein unerklärlicher Notfall

Alle Stühle im Wartezimmer waren leer, die Sprechstundenhilfe war gegangen und Dr. Werber telefonierte, als Marie in die Praxis trat. So wie es aussah, war er gerade dabei gewesen, seinen weißen Kittel auszuziehen, als das Telefon geklingelt hatte, denn er hielt ihn noch in der Hand.

»Das hört sich gar nicht gut an. Ja, Herr Gündner, ich komme sofort vorbei. Nein, kein Problem, ich habe für heute keine Patienten mehr.«

Dr. Werber blickte zu Marie herüber und machte ein ernstes Gesicht. »Hallo, Schatz«, flüsterte er mit der Hand über der Sprechmuschel und gab Marie mit Gesten zu verstehen, einen Moment zu warten.

»Herr Gündner, ich muss noch einem schwerkranken Papagei auf der Intensivstation die Medikamente geben, aber in zehn Minuten bin ich bei Ihnen. Ich beeile mich.« Dr. Werber legte auf und warf den Kittel über einen Stuhl. »Na, Große, wie war dein Badeausflug?«, fragte er und, ohne eine Antwort abzuwarten, bat er Marie um einen Gefallen: »Kannst du mir bitte schnell die Instrumententasche holen? Ich muss sofort zu Bauer Nicolas Gündner. Einige seiner Ferkel wollen nichts mehr fressen. Sie haben hohes Fieber und starke Krämpfe. Es sieht nicht gut aus und Herr Gündner fürchtet, dass sie sterben könnten. Kannst du mitkommen und mir helfen?«

Marie nickte sofort. Keine Frage, dass sie mitkommen wollte, das Abendessen konnte warten. Zumal ihr die Sache mit den Katzen sowieso wie ein Stein im Magen lag. Kleine Ferkel waren einfach zu niedlich, als dass sie sich die entgehen lassen konnte, und sie wollte unbedingt dabei sein, wenn ihr Vater sie rettete. Außerdem hoffte sie, auf dem Rückweg mit ihm über die verschwundenen Katzen reden zu können.

»Nimm die Tasche schon mal mit zum Wagen! Ich komme gleich nach!«, rief Dr. Werber und lief eilig in die Intensivstation.

Wenig später steuerte der Tierarzt seinen dunkelgrünen Geländewagen durch die Allee an Staudtes

Anwesen vorbei. Die Koppeln träumten verlassen vor sich hin, alle Tiere waren bereits im Stall. Nur die Gänse weideten noch friedlich und ihre plumpen weißen Körper hoben sich vom satten Grün ab wie dicke Sahnekleckse.

Stracciatella drückte bei ihrem Anblick freudig seine kleine Nase an das Beifahrerfenster und hinterließ lauter feuchte Halbmonde.

Maikes Vater hatte die vier Vögel von einem Freund zum Geburtstag geschenkt bekommen. Sehr zum Leidwesen ihrer Mutter. Wegen der Gänse bekamen sich Maikes Eltern regelmäßig in die Wolle, da das vorwitzige Federvieh sich besonders gern über Sandra Staudtes liebevoll gehätschelten Salat hermachte. Irgendwie schafften die Vögel es immer wieder, sich in ihr Allerheiligstes, ihren Gemüsegarten, zu stehlen, um dort das reinste Chaos anzurichten.

Vom ersten Tag an hatte sich die forsche Gänseschar, ohne viel Federlesen, mit ihrem fröhlichen »nag, nag, nag« in Maikes und Maries Herzen geschnattert. Die beiden waren heilfroh, dass Maikes Mutter sich mit dem Wunsch, sie wieder abzuschaffen, nicht bei ihrem Mann durchsetzen konnte. Was die Mädchen auch taten, die zahmen Gänslein folgten ihnen watschelnd auf Schritt und Tritt, immer in der Hoffnung, ein paar frische Halme oder ein Salatblatt zu ergattern. Gänse, so hatte Marie schnell gelernt, waren immer hungrig. Drei von ihnen verputzen so viel Gras wie ein ausgewachsenes Schaf.

»Hast du eine Idee, was den Ferkeln fehlen könnte?«, fragte Marie ihren Vater.

Dr. Werber schaute konzentriert auf die Fahrbahn. »Ich weiß es leider noch nicht, ich muss sie mir erst ansehen«, antwortete er.

Marie hoffte, ihr Vater würde die richtige Ursache gleich herausfinden, denn unter dem Verlust der Ferkel würde das Muttertier sicher sehr leiden.

Herr Gündner wartete bereits nervös vor dem Stall, als Dr. Werber auf den Hof fuhr. Der Schweinezüchter machte ein besorgtes Gesicht und hatte so viele Schweißtropfen auf der Stirn, dass er aussah wie ein Glas Eistee.

»Grüß Gott, Herr Doktor. Danke, dass Sie gleich gekommen sind. Wie ich sehe, haben Sie Ihre Assistentin mitgebracht. Wie geht es dir, Marie?«, fragte er.

»Gut«, flunkerte Marie, denn Nicolas hatte im Moment andere Probleme und sie wollte ihn nicht auch noch mit ihren Katzensorgen belasten.

Die Schweinchen hatten sich neben der Sau lang im frischen Stroh ausgestreckt. Sie rührten sich kaum und atmeten rasselnd.

Dr. Werber betrat den Verschlag, öffnete seine Instrumententasche und untersuchte das erste Ferkel gründlich und behutsam wie ein Baby. Es stand wohl nicht sehr gut um die Ferkelchen, denn die Stirn von Dr. Werber verwandelte sich augenblicklich in einen geriffelten Kartoffelchip.

Marie kniete neben ihnen und streichelte die runden rosigen Körper. Die Ferkelchen keuchten laut und Marie hatte schreckliches Mitleid mit ihnen. Besonders dem jüngsten Schweinchen des Wurfes schien es schlecht zu gehen. Es war viel kleiner und zarter als die anderen und sah so aus, als hätte es von allen die schlechtesten Überlebenschancen.

»Ich verstehe das nicht.« Dr. Werber vertrieb eine Fliege von seinem Gesicht. »Ich bin mir nicht sicher, was sie haben. Denn die Krankheit, die ich vermute, kommt nur unter schlechten, unsauberen Verhältnissen vor. Und das kann auf Sie, Herr Gündner, nicht zutreffen. Ich kenne Sie jetzt schon so lange und weiß, mit welcher Sorgfalt Sie Ihre Tiere halten. Ich frage mich, wo sie sich angesteckt haben könnten. Sind noch weitere Schweine erkrankt?«

Der Schweinezüchter schüttelte den Kopf.

Marie blickte sich um. Alle Verschläge waren mit sauberem Stroh ausgelegt, die Schweine sahen alle sehr gepflegt aus, hatten ausreichend Platz und die Stallgasse war frisch gefegt.

Wenn die Leute von »dreckigen« Schweinen sprachen, ärgerte Marie das immer maßlos. Schweine waren alles andere als unreinlich. Sie suhlten sich im Sommer nur im Dreck, um sich damit abzukühlen.

Und dumm waren sie auch nicht. Schweine, das wusste Marie von ihrem Vater, waren schlauer als Hunde. Auch wenn Stracciatella das sicher heftig bestritten hätte, wenn er sprechen könnte.

Dr. Werber überlegte eine ganze Weile angestrengt, bis plötzlich eine schwarze Katze in den Verschlag geschlichen kam. Als sei es das Natürlichste der Welt, kuschelte sie sich an die Ferkel unter der Wärmelampe, rollte sich zusammen und schlief ein.

»Lassen Sie sich bei Ihrer Arbeit nicht stören, Herr Doktor«, entschuldigte sich der Schweinezüchter für das ignorante Kätzchen. »Das ist unser Mohrle. Er ist uns vor Kurzem zugelaufen und schläft am liebsten bei den Ferkeln. Ich lasse die Wärmelampe stets an, damit es die Ferkel warm haben und sie sich in der Nacht, wenn es abkühlt, nicht erkälten. Ich weiß nicht, ob es die Ferkel sind oder die Wärme, die Mohrle anzieht, aber er schläft immer hier.«

Dr. Werber streichelte dem Kater erleichtert über den Kopf, woraufhin er ihn fragend ansah.

»Vielen Dank, Mohrle, dass du im richtigen Augenblick aufgekreuzt bist. Ohne dich wäre ich so schnell nicht darauf gekommen, was den Schweinchen fehlt!«

Marie schaute ihren Vater an, als hätte der nicht mehr alle Hühner im Stall. Was um alles in der Welt hatte der schwarze Kater mit der Krankheit der Schweine zu tun?

»Es tut mir ja leid, dir das sagen zu müssen, aber ab heute bekommst du absolutes Stallverbot«, sagte der Tierarzt an Mohrle gewandt, der völlig unbeein-

179

druckt wieder die Augen schloss und sofort weiter-
schlief.

»Aber, Herr Doktor«, versuchte der Viehzüchter
seinen Kater zu verteidigen, »er tut doch keinem
was zuleide und die Schweinchen freuen sich immer, wenn er kommt.«

Dr. Werber wandte sich wieder an den Viehzüchter. »Es tut mir leid, aber Mohrle ist der kleine
Übeltäter. Er hat die Ferkel angesteckt. Mit Toxo-
plasmose, einer Infektionskrankheit, die von Katzen übertragen wird. Die Folgen sind Fieber,
Krämpfe und – wenn man nicht rechtzeitig etwas
dagegen unternimmt – Lungenentzündung.«

Der Schweinezüchter erschrak. »Aber meine
Schweine müssen doch nicht sterben?«

Dr. Werber zog eine Spritze mit einem speziel-
len Medikament auf. »Keine Sorge, Herr Gündner.
Ihre Tiere bekommen eine Spritze, morgen noch
eine und dann müssten sie über den Berg sein«, beruhigte er ihn.

»Wer hätte gedacht, dass der nette Mohrle unsere Schweine anstecken kann«, wunderte sich der
Viehzüchter.

»Auch wenn es Ihnen schwerfällt«, sagte Dr.
Werber, »müssen Sie Mohrle ab jetzt von den

Schweinen fernhalten. Er darf auf keinen Fall mehr in den Stall und auch nicht in die Futterkammer. Mohrle nicht und auch keine andere Katze.«

Der Schweinezüchter nickte. »Ich versuche es, Herr Doktor. Wir haben nur Mohrle. Meine Frau ist richtig vernarrt in den kleinen Kerl. Muss er auch behandelt werden?«

»Nein, der Erreger ist für Katzen und gesunde Menschen harmlos. Im schlimmsten Fall bekommt Mohrle Symptome wie bei einem leichten grippalen Infekt. Aber so wie es aussieht, hat er das schon längst überstanden. « Während Dr. Werber den Schweinen ihre Spritze gab, streichelte Marie dem kleinsten Ferkelchen über den mageren Körper.

»Wird dieses hier es auch schaffen, so schwach wie es ist?«, fragte sie ihren Vater.

»Ich hoffe es, aber für das Kleine könnte es schlecht ausgehen. Es ist das Schwächste im Wurf und im Gerangel um die Zitzen hat es immer das Nachse- hen. Es müsste so gut ge- nährt sein wie seine Geschwis- ter, dann würde es auf jeden Fall überleben, aber so ist es fraglich.«

Dr. Werber suchte nach einer weiteren Spritze in seiner Arzttasche und Marie sah ihren Vater flehentlich an. »Kann es denn niemand mit der Flasche aufpäppeln?«

Nicolas Gündner traute sich nicht, ihr in die Augen zu schauen, als er antwortete. »Marie, bitte denke jetzt nicht, ich sei ein schlechter Mensch. Aber ich kümmere mich jeden Tag um Hunderte von Schweinen und habe einfach nicht die Zeit, das Ferkel mit der Hand großzuziehen. Ich bin Schweinezüchter und muss, um zu überleben, auch wirtschaftlich denken. Es tut mir leid. Wenn das Ferkel es schafft, freue ich mich, aber wenn nicht, ist das einfach das Gesetz der Natur. Nur die Stärksten überleben. Und das hat auch seinen Sinn. So werden nur die guten Eigenschaften der gesunden und starken Tiere weitervererbt und die Art an sich bleibt gesund.«

Marie verstand, was der Viehzüchter sagte, aber es half nichts. Sie fand es himmelschreiend ungerecht. »Paps, kann ich es nicht großziehen? Ich würde mich so gerne darum kümmern. Es könnte doch bei uns im Stall leben. Es ist ein so besonders nettes Schweinchen.«

Dr. Werber schüttelte den Kopf und klang bestimmt, als er antwortete. »Nein, Marie, zu Hause haben wir zwei besonders nette Kaninchen, drei besonders nette Rehe und einen besonders netten Hund.«

Marie gab traurig nach. Sie wusste, eine weitere Diskussion war zwecklos.

6. Stracciatella benimmt sich daneben

Marie half ihrem Vater schweigend, die gebrauchten Spritzen und Ampullen aufzuräumen, und als sie den Verschlag verließen, wartete sie, bis die Erwachsenen schon ein Stück vorausgegangen und außer Hörweite waren. Dann wandte sie sich heimlich noch mal an das kleine, schwache Ferkel.

»Ich komme wieder, Schweinchen. Ich versprech es dir«, flüsterte sie. »Ich lass dich nicht im Stich. Halt durch, hörst du!«

Dann folgte sie den anderen eilig auf den Hof.

Dort hing schon die Dämmerung in den Bäumen und die Abendluft verdrängte nur langsam die Hitze des Sommertages.

Auch wenn es ihr unendlich schwerfiel, versuchte

Marie krampfhaft, sich Steffens Worte einzuhämmern: *Du wirst dich nicht dran gewöhnen, aber du wirst lernen, es zu akzeptieren. Du wirst lernen, es zu akzeptieren. Du wirst lernen, es zu akzeptieren ...* Marie fragte sich verzweifelt, wann es denn endlich so weit sei.

Die Männer unterhielten sich angeregt, als sie zu ihnen trat.

»Schicker Wagen«, sagte Dr. Werber anerkennend und deutete auf den silbergrauen Pick-up, der neben der Scheune stand und dessen Anhänger Marie am Mittag für einen Zirkuswagen gehalten hatte.

»Ach, der!« Nicolas Gündner winkte ab. »Der ist wirklich schnittig, aber nicht meiner. Er gehört einem Camper, der hier für ein paar Wochen Urlaub machen möchte. Ich habe ihm nur den Stellplatz vermietet. Er hat erzählt, er besuche Verwandte in der Gegend und wolle ihnen nicht zur Last fallen. Deshalb kommt er nachts zurück auf meinen Hof und übernachtet in seinem Bauwagen.«

»Und das soll gemütlich sein?«, fragte Dr. Werber erstaunt.

»Als er hier ankam, hat er mich mal reinschauen lassen. Erstaunlich, wie komfortabel es da drinnen ist. Das Ding hat ein richtiges Bett, eine kleine Küche, alles, was man zum Leben so braucht. Er scheint öfter mit dem Wagen unterwegs zu sein. In den Kisten auf dem Pick-up transportiert er Lebensmittel, Kochtöpfe und solche Sachen. Netter Kerl, hat die Platzmiete für die zwei Wochen schon im Voraus bezahlt und er ...«

Den Rest des Satzes verstand Marie nicht mehr, er ging in lautem Gekläffe unter. Stracciatella war zum Bauwagen gerannt und umrundete ihn wild bellend. Dann flitzte er zur Scheune, zum Bauwagen, zu Marie, zum Bauwagen, zur Scheune und wieder zurück. Er ließ sich überhaupt nicht beruhigen.

»Ihr Hund hat sich doch hoffentlich nicht mit dieser merkwürdigen Taxodingsbumskrankheit angesteckt?«, fragte Nicolas Gündner und schüttelte den Kopf über Stracciatellas Verhalten.

Marie war das Benehmen ihres Hundes peinlich und sie versuchte, ihn zur Ordnung zu rufen: »Stracciatella, komm sofort her! Was ist nur los mit dir? Stracciatella, hierher!«

Normalerweise gehorchte Stracciatella ihr aufs Wort, aber jetzt schien er sein Frauchen gar nicht zu hören. Jedes Mal wenn er zu Marie gerannt kam und

186

sie ihn am Halsband festhalten wollte, entwischte er ihr und rannte zurück zum Bauwagen.

Nachdem er das Schauspiel gut drei-, viermal wiederholt hatte, ging die Tür des Bauwagens auf und der Camper streckte seinen Kopf heraus. Marie konnte ihn in der Dämmerung kaum erkennen, hörte aber deutlich, was er ihnen zurief.

»Na, da habe ich Ihren Hund wohl mit meinem gebratenen Speck durcheinandergebracht?! Tut mir sehr leid. Am besten, ich schließe das Fenster, damit er den leckeren Duft nicht mehr riechen muss, dann beruhigt er sich bestimmt gleich wieder.«

Dr. Werber rief freundlich zurück: »Machen Sie sich bitte keine Umstände, wir wollten eh gerade gehen. Entschuldigen Sie die Störung. Stracciatella, Schluss jetzt! Wirst du wohl herkommen!«

Der erschrak über den harschen Tonfall und trottete mit hängendem Kopf zu Marie und ihrem Vater zurück.

»Ist doch gar kein Problem!« Der Bauwagenmann lachte. »Lassen Sie ihn nur. Ich liebe Hunde und er ist so ein niedlicher Kerl. Beim nächsten Mal soll er doch bitte gleich reinkommen, dann kann er gern mitessen. Ich wünsche Ihnen noch einen wunderschönen Abend.«

Er winkte ihnen freund-
lich zu, sein Kopf ver-
schwand wieder im Inne-
ren des Wagens und die
Tür fiel knarzend hinter
ihm ins Schloss.

Marie verstand die Welt
nicht mehr. Natürlich war Straccia-
tella wie viele Hunde schrecklich verfressen, keine
Frage. Aber dass er wegen gebratenen Specks so ein
Theater aufführte, kam ihr merkwürdig vor. Zumal
er nie geräuchertes Schweinefleisch zu fressen bekam. Ihr Vater hatte ihr ganz früh eingetrichtert,
Hunde oder Katzen nie mit rohem oder geräucher-
tem Schweinefleisch zu füttern, weil sie daran er-
kranken und sterben konnten. Pseudowut oder
Aujetzkische Krankheit nennt sich diese heim-
tückische Infektion, die durch Schweinefleisch
übertragen wird. Waren ein Hund oder eine Katze
erst einmal davon betroffen, gab es für sie keine
Rettung mehr. Nicht einmal ihr Vater konnte den
Tieren dann noch helfen.

»Wenn Stracciatella so versessen auf Gebratenes
ist, hauen wir ihm morgen ein schönes Stück Hühn-
chen in die Pfanne. Vielleicht erspart er uns dann

in Zukunft solche Auftritte.« Dr. Werber grinste und ließ den Motor an.

Stracciatella rollte sich auf Maries Schoß zusammen und sie wurde den Eindruck nicht los, dass er irgendwie traurig aussah.

Als sie wieder an Staudtes Weiden vorbeikamen, waren auch die Gänse verschwunden und der Mond tauchte die Koppeln in silbriges Licht. Es dauerte eine Weile, bis Marie die neusten Ereignisse verarbeitet hatte, die Sache mit dem kleinen Schwein, Stracciatellas Auftritt. Langsam, aber unerbittlich machte sich wieder die drückende Sorge um die Katzen in ihr breit und belastete von Neuem ihre Seele.

»Paps, darf ich dich was fragen?«, fing sie zögerlich an.

»Wenn du mich noch mal fragen willst, ob wir das Schweinchen bei uns zu Hause aufnehmen, nein«, erwiderte ihr Vater und schaltete einen Gang höher.

Marie kannte ihn gut genug, um zu wissen, dass es zwecklos war, dieses Thema nochmals anzusprechen.

Aber sie hatte schon einen Plan, wie sie das

Schweinchen auch ohne ihren Vater vielleicht würde retten können.

»Nein, es ist wegen Minka. Sie ist immer noch verschwunden. Auf dem Weg zum Baggersee haben wir außerdem zwei weitere Katzen-Suchanzeigen gefunden und Maikes Kater ist auch seit ein paar Tagen nicht mehr aufgetaucht. Ich habe ein ungutes Gefühl und auch Maike und Markus sind überzeugt, dass den Katzen etwas zugestoßen sein muss. Was meinst du, was mit ihnen passiert sein könnte?«

Dr. Werber wollte ihr gerade antworten, da flitzte plötzlich ein dunkler Schatten über die Fahrbahn.

Blitzschnell trat Dr. Werber in die Eisen, die Bremsen quietschten wie zehn kleine Ferkel, der Wagen brach aus der Spur – dann verstummte der Motor mit einem ruppigen Rülpser.

Um ein Haar wäre Stracciatella durch den Wagen geschleudert worden, hätte ihn Marie vor Aufregung nicht schon die ganze Zeit krampfhaft festgehalten.

»Um Himmels willen, war das knapp!«, stöhnte der Tierarzt und strich sich mit dem Handrücken über die Stirn. »Ein Fuchs! Fast hätte ich den armen

Kerl erwischt.« Besorgt drehte er sich zu Marie um. »Ist bei euch alles in Ordnung?«

Marie nickte, doch der Schreck saß ihnen noch in den Gliedern, als er den Wagen wieder startete.

»Ich werde gleich morgen ein Gitter zwischen Rückbank und Kofferraum einbauen lassen. Du hast gesehen, wie gefährlich es ist, wenn Stracciatella auf deinem Schoß mitfährt. Wäre ich schneller unterwegs gewesen, hättest du ihn nicht mehr halten können und er wäre durch die Scheibe geflogen. Tut mir leid, alter Racker, ich weiß, es wird dir nicht gefallen, alleine hinten im Kofferraum zu sitzen, aber es ist zu deiner eigenen Sicherheit.«

Marie wurde ganz schlecht bei dem Gedanken, Stracciatella hätte etwas zustoßen können! Wie musste sich erst Maike fühlen, nicht wissend, was mit ihrem geliebten Leo passiert war.

Das gelbe Licht der Scheinwerfer fraß sich durch die Schwärze der Nacht und es dauerte eine Weile, bis dem Tierarzt wieder einfiel, was Marie ihn gefragt hatte.

»Schatz, ich finde, ihr drei steigert euch da in was hinein. Den Katzen geht es mit Sicherheit gut. Es ist August und sehr heiß. Darum lassen die Leute Türen und Fenster offen stehen. Und da entdeckt der eine oder andere Stubentiger schon mal die süße Freiheit und kostet aus, dass er nicht mehr daheim eingesperrt ist. Und wie viele Menschen sind gerade im Urlaub und lassen andere nach ihren Haustieren schauen? Freunde, Bekannte, die vielleicht gar nicht an die Tiere gewöhnt sind, die sie und ihre Eigenarten nicht kennen? Sie unterschätzen die schlauen Kerlchen und schon ist ihnen das Tier entwischt.«

Maries Vater parkte den Wagen auf ihrem Hof und stellte den Motor ab.

»Aber so viele auf einmal, findest du das nicht merkwürdig?«, beharrte Marie.

»Nein, wirklich nicht. Du wirst sehen, morgen ruft Uta Prehn an, um uns mitzuteilen, dass ihre geliebte Minka wieder da ist. Und Leo ist ein alter Streuner. Du kennst ihn doch. Bestimmt ist irgendwo eine Katze rollig. Es wird höchste Zeit, dass Staudtes ihn kastrieren lassen. Alt genug ist er ja, wie man an seinen Liebesabenteuern sieht. Dann wird er auch ruhiger und bleibt nicht mehr so lange weg. Wirklich, mein Schatz. Es gibt überhaupt keinen Grund zur Sorge.«

Er schloss den Wagen ab und sie liefen zum Haus. Ihr Vater war Maries großes Vorbild, sie liebte ihn über alles und nie hatte sie sein Wissen oder seinen Rat in Zweifel gezogen. Doch zum ersten Mal in ihrem Leben sagte eine Stimme, tief in ihrem Innern, dass er diesmal unrecht hatte.

7. Milva

Weder Minka noch Leo tauchten am nächsten Tag wieder auf. Im Gegenteil. Als Dr. Werber zum Mittagessen von Bauer Gündner heimkam, brachte er schlechte Nachrichten mit. Auch Mohrle war verschwunden!

Als sich der Tierarzt bei Nicolas Gündner erkundigt hatte, ob es für ihn schwierig gewesen sei, den Kater von den Schweinen fernzuhalten, hatte er erfahren, dass der Schweinezüchter ihn seit gestern Abend gar nicht mehr gesehen hatte. Weder am Morgen noch am Mittag war er wie gewohnt bei seiner Frau zum Fressen erschienen. Was Maries Vater aber immer noch nicht beunruhigte. Auch dafür hatte er am Mittagstisch eine für ihn einleuchtende Erklärung:

»Das Katerchen ist sauer, dass es nicht mehr bei den Ferkeln schlafen darf, und macht sich jetzt trotzig rar, um seine Besitzer zu bestrafen. Du weißt doch, wie zickig Katzen sein können«, versuchte er seine Tochter zu beruhigen und lud sich noch etwas Salat auf den Teller. »Wenn ihnen irgendetwas nicht passt, wissen sie ganz genau, wie sie das ihren Herrchen oder Frauchen zu verstehen geben.«

Marie stocherte appetitlos in ihren Kartoffeln. Mohrles Verschwinden bestätigte für sie erst recht, dass den Katzen irgendetwas zugestoßen war.

»Erinnerst du dich noch an Monika Fempels Minko?«, fuhr ihr Vater unbeirrt fort. »Eines Tages hat der stubenreine Kater ihr plötzlich dauernd ins Bett gemacht. Frau Fempel vermutete damals eine Erkrankung und hat ihren Minko bei mir in der Praxis untersuchen lassen. Ihm fehlte aber gar nichts, er war pumperlgesund. Wie sich herausstellte, war sein Verhalten eine reine Trotzreaktion. Weil sein Frauchen in dieser Zeit viel arbeiten musste und sich kaum um den Kater kümmern konnte, fühlte er sich vernachlässigt. Das hat er seinem Frauchen auf diese recht unschöne Art zu verstehen gegeben.« Maries Vater lachte. »Mohrles Verhalten ist absolut katzentypisch. Also, Schatz, fang bitte nicht wieder an, das Schlimmste zu denken. Es wird dich sicher freuen zu hören, dass es den Ferkeln schon viel besser geht. Nur das kleine Schweinchen macht mir noch Sorgen, es ist einfach zu dünn. Als ich wegging, hat es aber zum Glück an einer der Zitzen gelegen und getrunken.«

Marie legte ihr Besteck auf den Teller. Der Hunger war ihr gründlich vergangen. Sie versuchte gar nicht mehr, mit ihrem Vater zu diskutieren, und schwieg. Es machte sie wütend, aber auch unendlich traurig, dass er ihr nicht glaubte. Dazu kam die Sorge um das kleine Schweinchen.

Verena Werber fuhr ihrer bedrückten Tochter durchs Haar. »Na, meine Große, bist du schon satt? Du hast doch kaum etwas gegessen! Dein Vater hat recht, du machst dich nur unnötig verrückt. Er kennt sich mit Tieren so gut aus und weiß schon, wovon er redet. Sei bitte nicht traurig.«

Marie schob ihren Teller von sich und fragte, ob sie aufstehen dürfe. Sie hatte das beklemmende Gefühl, nicht mehr richtig atmen zu können, und wollte so schnell wir möglich raus an die frische Luft.

Nur noch einer konnte ihr jetzt helfen: Steffen Huber. Der hatte einen wunderschönen Rappen auf dem Waschplatz angebunden und bandagierte ihm die geschwollene Fessel. Das teure Springpferd hatte

196

sich auf einem internationalen Reitturnier an einem Hindernis das rechte Bein schwer angeschlagen und musste ein paar Tage in der Tierklinik bleiben.

Steffen war so in seine Arbeit vertieft, dass er ihr Kommen gar nicht bemerkte und zusammenzuckte, als Stracciatella ihm unvermittelt über den nackten Arm leckte. »Stracciatella, du alter Spinner, hast du mich erschreckt!«, rief Steffen und verstrubbelte ihm spielerisch das getupfte Fell.

Marie streichelte dem edlen Pferd zärtlich über das samtig weiche Maul und schaute Steffen zu, wie er den Rappen sorgfältig striegelte, bis sein seidig schwarzes Fell in der Sonne glänzte wie eine frisch polierte Edelkarosse.

»Prinzessin, was ist los? Du machst ein Gesicht wie drei Tage Regenwetter. Welche Laus ist dir über die Leber gelaufen?«

Marie setzte sich auf eine Putzkiste und antwortete nicht, was Steffen einfach ignorierte.

»Stell dir vor, wer heute Morgen in der Tierklinik war! Da kommst du nie drauf! Deine Mathematiklehrerin! Ich dachte schon, sie wollte dich besuchen, weil sie in den Ferien solche Sehnsucht nach ihrer besten Schülerin hat«, scherzte Steffen. »Stattdessen hat sie im Wartezimmer einen Anschlag an

197

die Pinnwand gehängt. Sie vermisst seit zwei Tagen ihren Luis. Aber wie ich dein zerstreutes ›Fräulein Rechenschieber‹ einschätze, hat sie ihn versehentlich im Schrank eingesperrt.« Steffen grinste.

Marie wusste, dass er sie mit dieser Geschichte aufmuntern wollte. Er konnte ja nicht wissen, was sich in der Zwischenzeit alles ereignet hatte und dass er damit genau das Gegenteil bewirkte.

»Dann sind es jetzt schon sechs«, murmelte Marie. Ihr Gesicht war jetzt so weiß wie die Bandage des Rappen.

»Sechs was?«, fragte Steffen und musterte sie besorgt. »Alles in Ordnung?!« Er hörte mit dem Striegeln auf, setzte sich neben Marie auf die Putzkiste und legte einen Arm um sie.

»Sechs Katzen. Es fehlen jetzt schon sechs Katzen!« Marie erzählte ihm von den verschwundenen Stubentigern: von Minka, Leo, Mohrle und den anderen.

Steffen Huber starrte nachdenklich auf seine Kardätsche und zog ein paar Pferdehaare aus den feinen, weichen Borsten.

»Ich muss zugeben, das hört sich schon etwas merkwürdig an«, sagte er. »Wie schätzt denn dein Vater die Sache ein?«

Maries zart aufkeimende Hoffnung, dass Steffen ihr glauben würde, schwand dahin wie Wassereis in der Sommersonne. Sie wusste, wie wichtig ihm Paps' Meinung war. Für einen kurzen Augenblick überlegte sie, ihm einfach nicht zu antworten, aber früher oder später würde er sich mit ihrem Vater eh darüber unterhalten.

»Er denkt, dass an der ganzen Sache nichts dran ist«, sagte sie also und blickte Steffen eindringlich an.

Aber der nahm seinen Arm von ihrer Schulter und stand auf, um den Rappen fertig zu putzen. »Sorry, Prinzessin, aber ich fürchte, da hat er recht. Er kennt sich von uns allen am besten mit dem Verhalten von Tieren aus. Da werden wir ihm wohl glauben müssen. Mach dir mal keinen Kopf. Ich bin sicher, den Katzen geht es gut.«

Die Erwachsenen haben gut reden, dachte Marie. *Mach dir mal keinen Kopf, mach dir keine Sorgen, reg dich nicht auf* – das war alles, was sie zu hören bekam! Dabei wünschte sie sich nichts sehnlicher als eine Antwort, eine Idee, wo die Katzen stecken könnten. Einen Plan, wie man sie ihren

Besitzern zurückbringen könnte, wo auch immer sie jetzt waren!

In Augenblicken wie diesen fand es Marie ungerecht, ein Kind zu sein. Wäre sie schon groß, hätten ihr bestimmt alle geglaubt. Ihre Eltern. Und Steffen sowieso.

Sie wollte sich gerade maßlos enttäuscht von der Kiste erheben, da stolzierte die zierliche rote Katze über den Hof. Das hübsche Tier streckte seine kleine Nase vornehm in die Luft, würdigte alle Anwesenden erst mal keines Blickes und setzte sich neben den Rappen, um sich würdevoll ihr glänzendes Fell zu putzen.

Stracciatella war über ihr Auftauchen ganz aus dem Häuschen und begrüßte sie in seiner gewohnt herzlichen Art, indem er ihr stürmisch über das niedliche Gesicht schleckte – was er aber besser hätte sein lassen. Denn ehe er es sich versah, tatzte sie ihm fauchend ordentlich eins auf die Nase. Stracciatella wich entsetzt zurück, setzte sich vor Schreck auf sein Hinterteil und fuhr sich mit der Pfote über seine schmerzende Schnauze.

»Oh, armer Stracciatella. Es tut mir leid, ich hätte dich vor unserer kleinen Diva warnen müssen. Darf ich trotzdem vorstellen?«, entschuldigte sich Steffen. »Ihre königliche Hoheit Milva! Sie ist leider etwas zickig und auf Hunde nicht ganz so gut zu sprechen. Heute Morgen hat diese Handvoll Kätzchen im Wartezimmer schon eine Dogge vermöbelt. Seitdem hat sie dort Hausverbot. Ist ja nicht so, dass wir eine Krawall-Katze bräuchten, um deinem Vater neue Arbeit zu beschaffen.«

Vornehm, ja fast schon arrogant starrte Milva Marie aus ihren großen runden Bernsteinaugen an. Die streichelte Stracciatella tröstend übers Fell und untersuchte die kleine Schramme auf seiner Nase.

»Ist nicht so schlimm, Liebling, nur ein Kratzer, der heilt schnell wieder. Das darfst du dir aber nicht bieten lassen!«, meinte Marie zu ihrem Hund. »Du bist hier der Herr auf dem Hof! Den Dreikäsehoch steckst du locker in die Tasche.«

Doch Stracciatella duckte sich nur verängstigt hinter sie, als stünde ein ausgewachsener bengalischer Tiger vor ihnen, und ließ den roten Teufel erst mal nicht aus den Augen. Nur kurz sah er zu Marie auf und da lagen große Enttäuschung und bitterer Vorwurf in seinem Blick. Eine deutliche Beschwerde über die neue ungehobelte Bewohnerin.

»Böse Milva, das kannst du doch nicht einfach mit Stracciatella machen! Das hier ist sein Zuhause und du bist der Gast. Also benimm dich auch anständig!«, ermahnte Steffen das hochnäsige Kätzchen.

Aber Milva ignorierte ihn, streckte sich genüsslich und warf sich in ihre kleine rote Brust, als gehöre ihr bereits der ganze Hof.

»Da siehst du, Marie, warum man sagt, dass Hunde Herrchen haben und Katzen Bedienstete.« Steffen lachte. »Katzen haben ihren eigenen Kopf. Man kann sie nicht wie Hunde erziehen; wenn man sie ruft, kommen sie nur, wenn ihnen gerade danach ist, und sie lassen uns Menschen nach ihrer Pfeife tanzen. Aber genau dafür liebe ich sie. Ist Milva nicht wunderschön?!«, schwärmte Steffen und schaute seine neue Freundin ganz verliebt an.

Als ob sie ihn verstanden hätte, kam sie auf federnden Pfoten zu ihm gelaufen, strich ihm schnurrend um die Beine und schmiegte ihren zierlichen Kopf in Steffens streichelnde Hand.

»Meine Kleine, du bleibst erst mal bei mir. Dein Besitzer hat sich immer noch nicht gemeldet, aber bei Onkel Huber hast du es ja gut«, sagte er zärtlich und wandte sich an Marie. »Ich bin immer kurz davor, sie zu siezen. Weil ich das Gefühl habe, bei ihr sei das angemessen. Deswegen habe ich sie auch

Milva genannt. Nach der rothaarigen italienischen Sängerin. Eine echte Diva. Kennst du sie?«

Marie schüttelte den Kopf. Sie staunte immer wieder aufs Neue, wie unterschiedlich Tiere doch waren. Ob Pferd, Kanarienvogel, Hamster oder Katze – jedes hatte seinen eigenen Charakter. Und selbst die Katzen unterschieden sich sehr voneinander. Die kleine rote war kapriziös und zickig, Minka dagegen war sehr häuslich, zurückhaltend und über alles verschmust und Leo war ein wenig starrköpfig, ein Einzelgänger, der sich am liebsten allein draußen in der Natur herumtrieb. Verschieden wie die Menschen, dachte Marie. Nur dass man längst die Polizei eingeschaltet hätte, wenn sechs Menschen verschwunden wären. Da kam ihr eine Idee: die Polizei! Das war es. Vielleicht sollten sie die Polizei einschalten!

8. Tiere sind keine Menschen

Marie hatte ein küchenhandtuchgroßes Stück Papier und einen schwarzen Filzstift aus Dr. Werbers Büro mit ins Iglu gebracht. Natürlich war das Iglu kein echtes Schneehaus. Wo hätten bei der Hitze auch Eis und Schnee herkommen sollen? Die Kinder nannten ihr Geheimversteck so, weil die rund gewachsene Hecke, die ihnen gegen Regen und Sonne Schutz bot, einer Inuitbehausung ähnelte.

Hierher zogen sich die drei Freunde zu geheimen Treffen zurück, wenn sie ohne Erwachsene Wichtiges zu besprechen hatten. Kaum sichtbar, bedrängt von hohen Nadelbäumen, duckte sich das grüne Haus hinter ausladende Brombeersträucher. Nur wenige Schritte waren es vom Fischweiher hierher an den Waldrand, und außer den dreien war niemand in das blättrige Geheimnis eingeweiht.

Sorgfältig breitete Marie das knisternde Papier auf der alten Decke zwischen Markus und Maike aus und begann zu schreiben. Die Nachmittagssonne stritt sich mit dem dichten Blattwerk und es fiel gerade so viel Licht in das Innere des Iglus, dass die beiden gut erkennen konnten, was Marie zu Papier brachte. Fein säuberlich führte sie die Namen der verschwundenen Katzen auf und ließ genug Abstand zwischen ihnen, um dahinter Notizen zu den Tieren zu machen:

Minka: weiblich, Rassekatze – seit drei Tagen verschwunden

Choco: weiblich, Rassekatze – seit drei Tagen verschwunden

Annabelle Morgentau: weiblich, Rassekatze – seit drei Tagen verschwunden

Als Marie »Leo« auf die Liste setzte, zuckte Maike ein wenig zusammen, versuchte jedoch, sich weiter nichts anmerken zu lassen. Als ob sie das gekonnt hätte. Ihre Freunde wussten genau, wie sehr ihr Leos Verschwinden zu schaffen machte und wie traurig sie war.

Leo: männlich, sehr schöne Hauskatze – zwei Tage verschwunden

Mohrle: männlich, sehr hübsche Hauskatze – etwa einen Tag verschwunden

Luis: männlich, Rassekatze – zwei Tage verschwunden

An das Ende ihrer Aufzeichnungen, etwas abgesetzt von den anderen Tieren, kamen auch die Namen von Aphrodite und Milva:

Aphrodite: weiblich, Rassekatze – vor zwei Tagen schwer verletzt in Tierklinik gekommen (Hinterbeine ausgekugelt)

Milva: weiblich, sehr schöne Hauskatze – vor zwei Tagen verletzt zugelaufen (seltsame Kratzspuren auf dem Rücken, fehlendes Fell)

Nachdem Markus' Vater, der Dorfpolizist, ihnen eine Absage erteilt hatte, waren die drei wild entschlossen, den Fall ohne die Hilfe der Erwachsenen zu lösen. Was blieb ihnen auch anderes übrig, nachdem ihnen keiner hatte glauben wollen? Selbst Maikes Eltern waren über Leos Verschwinden nicht allzu sehr besorgt und sahen keinerlei Veranlassung, irgendetwas zu unternehmen.

Marie hatte zunächst noch alle Hoffnung in Markus' Vater gesetzt.

Seinem eigenen Sohn zu helfen, konnte der Polizist ja wohl nicht ausschlagen, dachte sie.

Aber da hatte sie sich gründlich geirrt.

»Verschwundene Tiere sind nicht besonders interessant für die Polizei, es sind ja schließlich keine Menschen«, hatte er Markus erklärt. »Und wonach sollten wir denn deiner Meinung nach überhaupt suchen? Nach einem wilden, unbekannten Tier, das Katzen reißt? Einem unsichtbaren Phantom? Einem unvorsichtigen Autofahrer, der sie überfährt? Einem Psychopathen, der sie vergiftet? Nach Menschen, die in den Urlaub gefahren sind und aus Versehen Katzen in ihrer Garage eingesperrt haben? Wenn an der ganzen Sache wirklich was dran wäre, bräuchte ich wenigstens irgendeinen Anhaltspunkt, irgendeinen Verdacht, eine Spur, die wir verfolgen könnten. Irgendeinen Beleg. Es tut mir leid, Markus, bei dieser vagen Beweislage kann ich überhaupt nichts unternehmen. Außerdem weißt du, dass mein Revier im Moment unterbesetzt ist. Zwei meiner Kollegen sind im Urlaub und ich muss mit Hilfspolizist Michael Friedrich alles allein machen. Wir haben wirklich keine Zeit, auch noch nach verschwundenen Katzen zu suchen.« Damit war der Fall für Heiner Roth erledigt gewesen.

Draußen im Wald knackten irgendwo Äste wie trockenes Knäckebrot, aber die drei Freunde schenkten dem keine Beachtung. Hoch konzentriert blickten sie auf die Aufzeichnungen und dachten angestrengt nach. Selbst Stracciatella saß angespannt zwischen ihnen und starrte auf die Liste, als könnte er lesen.

»Was fällt euch auf?«, nuschelte Marie, den Stift im Mundwinkel.

»Es sind entweder Rassekatzen oder besonders schöne Tiere, die verschwunden sind«, antwortete Maike, ohne das Papier dabei aus den Augen zu lassen.

»Sie sind alle innerhalb der letzten drei Tage verschwunden«, fügte Markus stirnrunzelnd hinzu. »Selbst Milva und Aphrodite kamen in dieser Zeit in die Tierklinik. Da können die Erwachsenen noch zehn Mal sagen, dass es Zufall ist. Ich finde, es wird höchste Zeit, etwas zu unternehmen!«

Stracciatella kratzte sich hinter dem Ohr und warf ein nachdrückliches »Wuff« in die Runde. Wahrscheinlich hatte er einen genialen Einfall, nur leider verstand keiner seine Hundesprache.

Jeder schaute den anderen Hilfe suchend an, aber keiner wusste so recht, was zu tun war.

Erst als ihre Mägen knurrten, sie sich die Köpfe heißgeredet hatten und ihre Augen vom vielen aufs Papier Starren müde wurden, brachen sie ohne Ergebnis ab.

»Lasst uns morgen wieder beratschlagen, heute kommen wir einfach nicht weiter!«, schlug Markus vor.

Vorsichtig streckte er seinen Kopf aus dem schmalen Ausgang und vergewisserte sich, dass niemand sie beobachtete.

»Keiner da!«, gab er dann Entwarnung.

Sie krochen durch die Hecke, standen auf und klopften sich die Blätter von den kurzen Hosen. Nach ein paar Metern verließen sie den Wald, bogen aber nicht auf den schmalen Trampelpfad ein, sondern wählten den kürzeren Heimweg über die Wiesen.

Die Hitze des Tages ruhte noch zwischen den Gräsern und umhüllte ihre nackten Beine wie eine weiche Decke. Sie mussten ausgelassen kichern, denn die Halme waren so hoch, dass sie am Bauch kitzelten und Stracciatellas kleinen Körper verschluckten. Nur seine schwarze Schwanzspitze ragte hin und wieder vorwitzig aus dem Gräsermeer und erinnerte an einen aufrechten Wurm auf Wanderschaft.

Als sie beinahe den Fischweiher erreicht hatten, fasste sich Marie ein Herz. Zuerst hatte sie die Angelegenheit ja allein regeln wollen. Aber jetzt fühlte sich das völlig falsch an. Und ein bisschen musste sie sich auch eingestehen, dass ihr ohne die Freunde der Mut für die Unternehmung fehlte.

»Meinst du, dass Markus und ich heute bei dir übernachten dürfen?«, fragte Marie Maike. »Meine Eltern haben mit Sicherheit nichts dagegen.«

Ein paar Wildenten hatten sich auf dem Fischweiher niedergelassen und dümpelten in regungslosen Schnüren auf der windstillen Wasseroberfläche. Wenn man die Augen zukniff, wirkten sie wie die dunklen Plastikkugeln eines Fischernetzes. Erst als Stracciatella laut bellend ans Ufer stürzte, um sie zu erschrecken, flogen sie laut schnatternd auf.

»Klar, in den Sommerferien darf ich über Nacht einladen, wen ich will. Ich würde mich freuen, wenn ihr kommt«, erwiderte Maike, während sie Stracciatella wegen seines rüpelhaften Verhaltens spielerisch an den Ohren zog.

»Prima«, freute sich Marie. »Ich brauche nämlich

dringend eure Hilfe bei einer anderen sehr wichtigen Sache. Bringt bitte Taschenlampen und feste Schuhe mit. Wir machen heute Abend einen kleinen Ausflug. Und es könnte passieren, dass wir auch mal rennen müssen.«

Markus und Maike sahen sich verständnislos an, aber Marie ließ sich nicht erweichen, mehr zu verraten. »Alles Weitere erkläre ich euch später. Wir treffen uns um sechs bei Maike.«

9. Schweinchen

Der Abend hatte sich träge auf Nicolas Gündners Hof gebettet, der Asphalt der Auffahrt war noch sommerwarm und der süßliche Geruch der Schweine mischte sich mit dem von frisch getrocknetem Heu.

Hinter einem schlammverkrusteten Traktor verbargen sich die drei Freunde und spähten vorsichtig an ihm vorbei auf den Hof. Ihre Blicke wanderten unruhig zwischen den Wohngebäuden und dem Schweinestall hin und her. Irgendwo verteidigte ein Fuchs laut bellend sein Revier. Ansonsten war es ruhig. Hinter einem Fenster flimmerte ein Fernseher vor sich hin und warf blaue, zuckende Schatten auf den Hof. Der Camper schien noch bei seiner Verwandtschaft zu sein, denn der Bauwagen stand verlassen ohne den Pick-up neben der Scheune.

Stracciatella strampelte ungeduldig, Marie hatte

ihn auf dem Arm und hielt ihm mit der linken Hand sanft die Schnauze zu. Nach seinem kleinen Auftritt gestern fürchtete sie, dass er sie mit erneutem, aufgebrachtem Gekläffe verraten könnte.

»Ich glaube, wir können es wagen«, flüsterte Markus und bedeutete den Mädchen mit einer Handbewegung, ihm zu folgen.

Vom Traktor aus rannten sie ein Stück weiter zur nächsten Deckung: einem Baum, dessen dünne Zweige in ungewöhnlicher Form Richtung Himmel wuchsen und kleine hölzerne Hände bildeten, so als müsste er den Abendhimmel samt Mond und Sternen hochstemmen.

Wie Diebe stahlen sich die drei Kinder heimlich über den Hof zum Stall hinüber. Mit aller Kraft drückten sie sich dort gegen die große Tür. Und obwohl deren unerwartet schweres Gewicht dagegen war, schafften sie es irgendwie, das hölzerne Ungetüm zu öffnen. Was, wenn die Tür verschlossen gewesen wäre? Daran wollte Marie gar nicht denken.

Doch gerade, als sie sich in Sicherheit glaubten, erschrak sie. Keiner hatte damit gerechnet, dass die Angeln beim weiteren Aufstoßen plötzlich unerbittlich zu knarzen beginnen würden. Das Geräusch fuhr ihnen fast schmerzhaft in die Glieder. Erschrocken drehten sie sich zum Hof um. Ob sie der Krach vielleicht schon verraten hatte? Erstarrt blieben sie stehen und wagten kaum zu atmen. Erst als minutenlang alles unverändert ruhig blieb, schlüpften sie schnell ins Stallinnere und zogen die Tür sachte hinter sich zu.

Im Stall war es warm und ruhig. Die Tiere schienen teilweise zu schlafen. Nur ab und zu vernahmen sie das wohlige Grunzen eines Ferkels oder das zufriedene Schmatzen einer Sau. Die Wärmelampen tauchten die Körper der Schweinchen in rotes Licht, dass sie aussahen wie zu lange gegrillte Besucher einer Sonnenbank.

»Hier in dem vierten Verschlag liegt es«, flüsterte Marie und sie schlüpften hinein.

Die Muttersau öffnete erstaunt die Augen, nur die schläfrigen Ferkel nahmen kaum Notiz von ihnen.

Marie öffnete ihren Rucksack und zauberte ein Fläschchen warmer Milch hervor. »Seht ihr das kleine schwache Ferkel dort? Das ist *mein* Schweinchen.«

Die Muttersau schaute Marie nun doch etwas fragend an, ließ diese aber gewähren, als sie zärtlich das Schweinchen hochnahm. Seine dunklen, von hellen Wimpernkränzen gesäumten Äuglein blinzelten Marie müde an. Aber sobald sie ihm den Schoppen ans Schnäuzchen hielt, machte es sich sofort gierig und laut schmatzend über die noch lauwarme Milch her.

Die drei Freunde grinsten sich zufrieden an und es dauerte nicht lange, da hatte das Ferkel das Fläschchen bis auf den letzten Tropfen ausgetrunken. Ungeduldig stupste es Marie mit seinem rosa Rüsselchen und forderte Nachschub. Den kramte sie gerade aus ihrem Rucksack, was die anderen Schweinchen voller Neid beobachteten, als sich plötzlich mit einem erneuten Heulen die Stalltür öffnete. Erschrocken duckten sich die Kinder hinter die Sau.

»Na, Schweine, alles in Ordnung?«, hörten sie Nicolas Gündner fragen. Und dann begann er, leise vor sich hin murmelnd, den grauen Boden der Stallgasse zu fegen.

Unerbittlich arbeitete sich der Besen zischend zu ihnen vor. Polternd stießen Holz und Borsten an Verschläge, brachten Staub in Aufruhr, der sich in Wolken erhob und wie mikroskopisch kleine Glühwürmchen im roten Licht tanzte. Meter für Meter kam der Besen näher. Immer wieder schien der

Schweinezüchter einen prüfenden Blick auf seine Tiere zu werfen, denn dann schwieg das kratzende Geräusch für einen kurzen Moment und die Kinder hörten ein »Dicke, auch bei dir alles klar?« oder ein »Na, Ferkelchen, geht's dir gut?«

Es war nur eine Frage von Minuten, dann würde er auch an ihrem Verschlag vorbeikommen, sie entdecken und dann wäre alles aus. Dann wäre er bestimmt schrecklich wütend, er würde sie schreiend aus dem Stall werfen, sie dürften nie wieder kommen und das Schweinchen wäre für immer verloren.

Schleppend vergingen die Sekunden und fühlten sich an wie zäh dahinfließende Stunden. Warum ist das so, überlegte Marie, dass die schönen Dinge im Leben immer so schnell an einem vorbeiziehen wie ein Schwarm anmutiger Schwäne? Die schrecklichen hingegen bei einem verharren wie eine alte, klebrige Kröte?

Marie bereitete im Geiste schon mal eine Entschuldigung vor und krallte vor Aufregung ihre Fingernägel in Maikes Knie. Sie wagten kaum, Luft zu holen.

Schrapp,
schrapp,
schrapp - der Besen rückte immer näher.

Die Mädchen konnten sich nicht rühren, Markus war das Kinn an den Knien angewachsen, sie warteten und horchten auf die Schritte, die Schritte, die unerbittlich näher kamen.

Und dann ging alles ganz schnell. Markus kitzelte der aufgewirbelte Staub in der Nase. Sosehr er sich auch anstrengte, den aufsteigenden Impuls zu unterdrücken, es halft nichts, er musste laut niesen.

Augenblicklich verstummte das *Schrapp-schrapp-schrapp*. Das Holz des Besenstiels fiel klappernd auf die Stallgasse, der Verschlag wurde aufgestoßen und sie starrten in das erschrockene Gesicht des Schweinebauern.

Marie machte die Augen zu in der verzweifelten Hoffnung, sich unsichtbar machen zu können. Eine Eigenart, die sie mal bei Leo beobachtet hatte. Wenn der etwas ausgefressen hatte, setzte er sich in einen leeren Papierkorb und schloss die Augen in der Annahme, nicht mehr gesehen zu werden und so einer Strafe zu entgehen. Aber sie war eben kein niedlicher kleiner Kater, dem man jede noch so freche Schandtat nachsah. Sie war ein Mensch. Und der musste für seine Fehler geradestehen. Also öffnete sie ihre Augen wieder. Und zu ihrer größten Verwunderung schaute sie in Nicolas Gündner nachsichtig lächelndes Gesicht.

»Mein Gott, Marie, das dürft ihr mit einem alten Mann wie mir aber nicht machen! Was glaubt ihr, wie ihr mich erschreckt habt? Ich dachte schon, jemand sei in meinen Stall eingedrungen, um mir meine Ferkel zu stehlen.« Erschöpft, aber auch erleichtert ließ er sich auf einen Strohballen sinken und fuhr sich über seine verschwitzte, chromglänzende Stirn. »Ich hätte mir ja denken können, dass du das Schweinchen nicht so einfach aufgibst. Aber müsst ihr euch dafür zu nachtschlafender Zeit heimlich bei mir im Stall rumtreiben?«

Schuldbewusst saßen die drei vor ihm im Stroh und trauten sich nicht, etwas zu sagen. Erleichtert erkannte Marie in seinem Gesicht, dass ihn ihr Engagement rührte.

»Um ehrlich zu sein«, sagte er jetzt und musterte die drei müde, »bin ich froh, dass ihr mir helfen wollt, dieses Ferkelchen aufzuziehen. Mir tut es auch leid, wenn so ein kleines Wesen nutzlos stirbt. Marie, ich will euch nichts vormachen, ihr seid groß genug, um zu wissen, dass die Tiere hier nur leben, weil sie eines Tages bei euch auf dem Teller landen. Das heißt aber nicht, dass sie bis dahin kein schönes Leben verdient haben. Genau das versuche ich ihnen bei mir zu ermöglichen, ein artgerechtes, schönes Schweineleben. Ihr solltet mal sehen, wie mein Borstenvieh sich draußen auf den Weiden suhlt, wenn es geregnet hat. Wisst ihr, das Leben als Bauer ist hart. Die Konkurrenz wird größer, ich muss immer mehr sparen und arbeiten, und so fallen eben die kleinsten und schwächsten Schweinchen hinten runter. Ihr seht ja, ich bin so überarbeitet und steh derart unter Strom, dass ich nachts nicht mehr schlafen kann und zu meiner eigenen Beruhigung die Stallgasse fegen muss.«

Marie wollte ihm einen Vorschlag machen, aber Nicolas Gündner kam ihr zuvor: »Weiß dein Vater, dass du hier bist?« Ohne ihre Antwort abzuwarten, beantwortete er die Frage selbst: »Natürlich nicht.« Er kratzte sich an seinem grau melierten Hinterkopf und dachte nach.

Das Schweinchen wurde jetzt ungeduldig und forderte laut quikend den versprochenen Milchnachschub.

»Fütter ihn nur«, ermutigte Nicolas Gündner sie. Marie reichte dem augenblicklich verstummenden Ferkel sein nächstes Fläschchen und zufrieden schmatzte es vor sich hin.

»Kinder, wisst ihr was?«, meinte Nicolas Gündner plötzlich. »Schweinchen ist ab jetzt unser Geheimnis. Ihr päppelt es auf, und ich verspreche euch, euren Eltern kein Sterbenswörtchen davon zu erzählen. Unter einer Bedingung: *Ihr* versprecht *mir*, hier nicht mehr mitten in der Nacht aufzukreuzen. Ihr könnt jederzeit auf meinen Hof kommen, aber nachts gehören Kinder ins Bett.«

Die drei Freunde sahen sich erleichtert und überglücklich an. »Nicolas, du bist toll!«, jubelte Marie und fiel ihm vor Dank um den Hals.

»Vorsicht, Kleine, du erdrückst ja vor lauter Freude noch Schweinchen«, sagte er grinsend. »Wenn unser kleiner Gier-Rüssel satt ist, fahre ich euch nach Hause. Ich lasse nicht zu, dass ihr bei Dunkelheit draußen durch die Gegend stolpert.«

Als sie wenig später auf den dunklen Hof traten, erloschen gerade die Scheinwerfer des Pick-ups. Der Camper stieg aus, schien sie aber nicht zu bemerken. Stracciatella wollte anfangen zu bellen, doch Marie hielt ihm zu seinem Ärger rechtzeitig das Schnäuzchen zu. Das Gesicht des Campers konnte

Marie in der Dunkelheit wieder kaum erkennen, aber sie sah deutlich, dass er einen Sack auf dem Rücken trug. Etwas schien sich darin zu bewegen, vielleicht täuschte sich Marie aber auch. Und der Camper verschwand so schnell in seinem Bauwagen, dass sie keine Gelegenheit hatte, einen genaueren Blick auf ihn und den Sack zu werfen.

»Los, Kinder, es wird allerhöchste Zeit!«, unterbrach Nicolas Gündner ihre Gedanken. »Wir müssen fahren.«

Der Motor seines klapprigen roten Mercedes startete hustend und sie verließen den Hof.

»Ich lass euch ein paar Meter vorher raus, damit Maikes Eltern nichts von eurem kleinen Abenteuer bemerken«, meinte Nicolas Gündner verschwörerisch und setzte sie an der Zufahrt ab. »Wir sehen uns dann morgen wieder. Schweinchen freut sich jetzt schon, das könnt ihr mir glauben. Milch braucht ihr keine mitzubringen, ich habe alles da und stelle es euch in die Futterkammer. Ihr müsst Schweinchens Fläschchen nur noch zubereiten.«

Bevor Marie die Autotür zuschlug, streckte sie noch mal ihren Kopf in den Wagen, um den Bauern etwas zu fragen: »Nicolas, wie lange ist der Camper eigentlich schon bei dir auf dem Hof?«

Der sah sie verwundert an: »Seit drei Tagen. Warum?«

10. Das Katzengeheimnis

Die Nacht kauerte schwarz in den Fenstern. Draußen verneigten sich die Pappeln vor der Kraft des Windes und ihre aufgebrachten Blätter ahmten Meeresrauschen nach. Es war sehr spät geworden. Aber in dieser Nacht war für die drei Freunde an Schlaf kaum zu denken.

Eine flackernde Kerze warf tanzende Schatten an die Zimmerdecke und tauchte Gesichter und Matratzenlager in orangefarbenes Licht. Eingehüllt in ihre Decken brüteten die Kinder abermals angestrengt über der Katzenliste.

Im Bauernhaus war es mucksmäuschenstill. Nur ab und zu knackten und seufzten die alten Holzböden, als wären sie lebendig. Maikes Eltern hatten weder vom Schweinchen-Ausflug noch von der nächtlichen Beratung in Maikes Zimmer Wind bekommen und schliefen ahnungslos zwei Räume weiter.

»Und du bist dir ganz sicher?«, fragte Markus Marie jetzt zum zweiten Mal. »Nicolas hat *vor drei Tagen* gesagt?«

Marie nickte nachdrücklich und schob sich noch ein Stückchen Milchschokolade in den Mund. Maikes Notration, die sie für besondere Anlässe in ihrer Nachttischschublade aufbewahrte und jetzt mit ihren Freunden teilte. Denn dies war ein besonderer Anlass. Sie waren kurz davor, das Katzengeheimnis zu lüften, und das machte sie ganz kribbelig.

Markus hatte sich ein paar krakelige Notizen neben die Katzennamen gemacht, die die Mädchen wegen seiner unleserlichen Sauklaue aber nicht entziffern konnten. Neben Milvas Namen setzte er jetzt ein großes Fragezeichen, so viel konnten sie zumindest erkennen.

»Ich hab's gleich, ich hab's gleich«, murmelte er und brach sich, ohne den Blick von seinen Aufzeichnungen abzuwenden, ein Stück von der Schokoladentafel ab.

Stracciatella beteiligte sich diesmal nicht an der Denkarbeit. Dazu war er viel zu beschäftigt: Er hypnotisierte die letzten Reste Schokolade, die zwischen den Kindern auf Silberpapier ruhten, und versuchte verzweifelt, ein Stückchen zu ergattern.

In Zeitlupentempo, Millimeter um Millimeter – in der Hoffnung, wenn er sich nur langsam genug bewegte, würde ihn keiner bemerken – näherte sich sein Schnäuzchen dem Objekt der Begierde. Aber kaum war er der süßen Versuchung zum Zuschnappen nahe, zog ihn Marie energisch am Halsband zurück.

»Stracciatella, lass das! Du weißt, dass Schokolade für Hunde tödlich sein kann«, ermahnte sie ihn.

Was ihn aber nicht so recht überzeugen wollte. Denn jedes Mal, wenn Maries Aufmerksamkeit wieder zum Papier wanderte, begannen seine Annäherungsversuche von vorne.

»Stracciatella!« Marie wurde langsam ungehalten. »Ich habe dir erzählt, was mit Dackel Paulchen letztes Weihnachten passiert ist.«

Als ob er sein Frauchen endlich verstanden hätte, trat Stracciatella den Rückzug an und rollte sich enttäuscht seufzend auf Maries Matratze zusammen.

Paulchen war ein langjähriger Patient von Dr. Werber. Ein aufgewecktes, hübsches Hündchen, das jeder sofort in sein Herz schloss. Und das mindestens genauso verfressen war wie Stracciatella.

Diese Eigenschaft wäre ihm am 24. Dezember fast zum Verhängnis geworden. In einem unbeobachteten Augenblick hatte er unter dem Weihnachtsbaum einen Nikolaus entdeckt und ihn verbotenerweise bis auf den letzten Schoko-Krümel vertilgt. Maries Vater konnte noch in allerletzter Sekunde sein kleines Dackelleben retten, indem er ihm ein spezielles Mittel verabreichte, das ihn zwang, die Schokolade zu erbrechen. »In Schokolade sind Koffein und Theobromin«, hatte ihr Vater erklärt, »und diese beiden Stoffe, die uns Menschen nichts ausmachen, können Hunde in zu hoher Dosis vergiften.«

Der Zeiger von Maikes Nachttischwecker rückte unerbittlich weiter. Langsam legte sich die Müdigkeit bleischwer auf Maries Schultern, doch Markus wollte erst alle Zusammenhänge verstanden haben, bevor er den Mädchen seine Theorie offenbarte. So wie gesunde Fische unfähig sind zu ertrinken, war Markus unfähig von etwas abzulassen, wenn es seiner Meinung nach noch nicht perfekt war. Marie wusste nicht, was sie im Moment mehr anstrengte: gegen ihre Ungeduld oder ihre Müdigkeit anzukämpfen.

Aber auf einmal schien die Lösung aus dem Papier zu kriechen. Wie ein nachtaktives Tier, das bei Einbruch der Dunkelheit seinen Unterschlupf verlässt.

»Dass wir da nicht schon früher drauf gekommen sind!«, flüsterte Markus und schlug sich mit der Hand gegen die Stirn.

Maike hörte vor Anspannung auf zu kauen und Marie rückte noch ein wenig näher, um ja nichts zu verpassen.

»Seit drei Tagen ist er bei Nicolas Gündner, seit drei Tagen verschwinden Katzen. Dass der Camper mit der Sache zu tun hat, ist klar. Aber was genau?«, forderte Marie Markus auf, endlich mit dem Ergebnis herauszurücken.

Und dann lüftete Markus das Geheimnis: »Der Camper ist nicht hier, um Urlaub zu machen oder Verwandte zu besuchen! Das ist nur ein Vorwand. Er ist hier, um Katzen zu fangen!«

Die Mädchen starrten ihn mit untertassengroßen Augen an.

»Er ist ein Tierfänger!«, fügte er hinzu.

»Ein Tierfänger?«, fragte Maike und wurde ganz blass.

Markus nickte und machte ein ernstes Gesicht. »Hier, es fügt sich alles ineinander wie bei einem Puzzle«, sagte er und deutete auf seine Notizen.

»Der Sack!«, rief Marie, und Maike hielt ihr erschrocken den Mund zu, damit Marie nicht die Eltern aufweckte.

»In dem Sack hat es also doch gezappelt!«, fuhr Marie flüsternd fort. »Ich habe mich nicht getäuscht! In dem Sack war eine Katze!«

»Richtig, aber alles der Reihe nach. Fangen wir mit Aphrodite an.« Markus unterstrich ihren Namen. »Die erste auffällige Patientin in eurer Tierklinik. Ausgekugelte Hinterbeine. Ohne Kratzer oder erkennbare Verletzungen. Dein Vater hat einen Unfall oder ein Tier als Ursache ausgeschlossen. Und damit hat er recht! Es war nämlich ein Mensch. Schaut her!« Markus hielt Stracciatella demonstrativ an den Hinterbeinen fest. Der fuhr erschrocken aus seinem Nickerchen hoch und sah Markus vorwurfsvoll an. »Wenn Stracciatella jetzt entsetzt losrennen würde, sich in Panik und mit aller Kraft aus meinem Griff befreien wollte, was würde er tun, wenn ich ihn nicht loslasse?«

Marie dachte nach. »Schrecklich strampeln und sich winden?«

228

»Genau«, erwiderte Markus. »Und schon sind seine Hinterbeine ausgekugelt.« Er ließ Stracciatella wieder los, worüber der sichtlich erleichtert war. »Aphrodite war mit ziemlicher Sicherheit eines der ersten Opfer des Tierfängers. Sie konnte sich aber befreien, der schmerzhafte Preis dafür waren ihre ausgekugelten Beine. Auch die anderen Katzen – Minka, Leo, Annabelle, Choco, Luis, Milva, Mohrle – sind wie Aphrodite entweder Rassekatzen oder besonders schöne und gesunde Katzen. Die lassen sich gut an einen Katzenhändler oder an ein Labor im Ausland verkaufen. Weit weg von den Besitzern. Dort, wo man weder den Fänger noch die Tiere kennt. Mein Vater hat mir gestern gezeigt, wie man im Internet nach bestimmten Begriffen suchen kann. Ich habe *Verschwundene Katzen* eingegeben und ratet mal, welches Wort erschienen ist?«

»Tierfänger«, sagte Marie düster.

Markus nickte. »So bin ich überhaupt darauf gekommen.«

Die Mädchen waren fassungslos. Ein Tierfänger in ihrer Gegend. Ein Mensch, der sich heimlich in ihren Gärten und Straßen herumtrieb und ahnungslose Katzen fing. Was für eine schreckliche Vorstellung! Doch Markus' Theorie ergab Sinn.

Bestimmt würde er später einmal in die Fußstapfen seines Vaters treten, dachte Marie. Oder noch besser, ein richtiger Detektiv werden, so gut wie er Dinge hinterfragen und kombinieren konnte.

»Stracciatellas Auftritt!«, rief sie und wieder hielt ihr Maike erschrocken die Hand vor den Mund.

»Leise! Du weckst noch meine Eltern auf«, ermahnte sie die Freundin.

Aufgeregt, aber flüsternd fuhr Marie fort: »Stracciatellas Auftritt bei Nicolas. Er hat sich gar nicht danebenbenommen.«

Entschuldigend streichelte Marie ihm durchs weiche Fell und er schaute sie mit diesem *Sag-ich-doch-Blick* an. Mit diesen vorwurfsvollen *Aber-mich-hat-ja-mal-wieder-keiner-verstanden-und-ernst-genommen-Augen.* Marie wusste nur zu gut, wie er sich fühlen musste. Dass sie sich ihm gegenüber genauso engstirnig verhalten hatte wie die Erwachsenen ihr gegenüber, tat ihr besonders leid.

»Mir kam es von Anfang an merkwürdig vor, dass Stracciatella nur wegen eines Stücks gebratenen Speck so einen Zinnober veranstaltet haben soll. Auf die Speckfährte hat uns der Tierfänger ganz bewusst gebracht, um davon abzulenken, dass Stracciatella ihm bereits auf der Spur war. Er hat die

Katzen gerochen und wollte uns das mitteilen! Tut mir wirklich leid, Stracciatella«, sagte Marie und drückte ihm einen zärtlichen Kuss aufs haarige Köpfchen.

»Aber hast du nicht erzählt, der Camper sei so verdammt freundlich gewesen?«, hakte Maike nach.

»Zu nett eben«, erklärte Markus. »Das ist ja der Trick. Nicolas Gündner ist auch auf die Freundlich-Masche reingefallen. Einer, der so höflich ist und auch noch die Standmiete im Voraus bezahlt, kann doch kein Gauner sein. Auf diese Weise hat er alle getäuscht! Selbst Dr. Werber.«

Marie zog sich ihre Decke noch ein Stückchen über die Knie. Sie fröstelte. »Fängt Katzen, um sie dann zu verkaufen, und behauptet auch noch, er liebe Hunde. Das ist doch das Hinterletzte! So eine Frechheit!«, regte sie sich auf.

»Wohin, glaubt ihr, hat er die Katzen gebracht? Sind sie schon im Ausland?«, fragte Maike mit brüchiger Stimme.

Auch wenn Maike die Hände unter ihrer Decke verbarg, entging Marie nicht, dass sie vor Angst um Leo zitterten.

Markus legte den Stift beiseite und rollte das Papier zusammen. »Das glaube ich nicht. Ich vermute, dass er die Tiere irgendwo versteckt hält. Erst wenn er genug Beute gemacht hat, lohnt sich für ihn die weite Fahrt ins Ausland, um dort die Tiere zu verkaufen. Ich finde, wir sollten uns den Wohnwagen morgen mal genauer ansehen.«

Maike zerknüllte das leere Silberpapier, um ihre Hände zu beschäftigen, und wischte nachdenklich ein paar Schoko-Krümel von ihrer Matratze. »Zwei Rätsel bleiben trotzdem noch ungeklärt: Woher kommt Milva? Und wer hat ihr die seltsamen Verletzungen zugefügt?«

Markus ließ sich erschöpft auf seine Matratze fallen. »Ich muss zugeben, dass ich darauf keine Antwort habe. Doch auch diese Geheimnisse werden wir bestimmt noch lüften«, meinte er stolz. »Nur nicht mehr heute. Mädels, seid mir nicht böse, aber ich muss jetzt schlafen. Wünsche den Damen süße Träume!« Dann zog er sich die Decke über die Ohren und war eingeschlafen.

Marie stützte müde ihr Kinn auf die Knie. »Und wie finden wir die Katzen? Wie können wir sie befreien?«

Maike deutete auf den tief atmenden Markus, der von alledem nichts mehr mitbekam. »Ich glaube nicht, dass wir dafür heute Nacht eine Lösung fin-

den, so müde wie wir sind. Am besten, wir versuchen, ebenfalls ein wenig zu schlafen. Morgen ist
auch noch ein Tag und draußen wird es schon langsam hell.«

Marie bettete ihren Kopf an Stracciatellas Rücken, der im Schlaf vermutlich einem Ball hinter-
herjagte, denn seine Pfoten zuckten und strampel-
ten unruhig. Sie lag noch eine Weile wach und
dachte nach. Aber dann fiel auch sie erschöpft in
den Schlaf.

11. Neue Beweise

Mit aller Kraft zog sich Marie am schmalen Fensterbrett hoch, um einen Blick ins Innere des Bauwagens zu werfen. Mächtig kam er ihr auf einmal vor. Viel größer, als sie ihn in Erinnerung hatte. Sein rissiges Holz ächzte, bog sich und bildete Spalten. An einigen Stellen sprang der blaue Lack ab. Nein, sie täuschte sich nicht: Der Wagen dehnte sich aus und wuchs wie eine sonderbare Pflanze. Die Fenster blähten sich zu riesigen Kaugummiblasen, wurden größer und größer, drohten zu zerbersten.

Für einen kurzen Moment glaubte Marie, Minka im Inneren zu entdecken, die auf einem Küchentisch mit Leo und den Gänsen Walzer tanzte. Doch als sie aufgeregt an die Kaugummiblasen-Scheibe klopfte und die Katzen bei ihrem Namen rief, waren sie wie durch Geisterhand verschwunden.

Verstört blickte sie zurück auf den Boden. Sie wollte vom Wagen hinunterklettern, aber statt Gras sah sie den Himmel unter sich. Der Bauwagen flog hoch über der Erde; ihr wurde schwindlig, alles drehte sich. Krampfhaft klammerte sie sich an das schmale Sims, um nicht in die Tiefe zu stürzen. Ihre Hände und Arme brannten vor Schmerz.

Auf dem Dach saß der Tierfänger und drehte sich mit höhnischem Gelächter zu ihr um. In der linken Hand hielt er Zügel, in der rechten Hand schwang er eine lange Peitsche.

»Schneller, Borstenvieh, schneller, ich muss sofort ins Ausland!«, schrie er und trieb mit lautem Knall ein Dutzend Schweine an, die den Bauwagen widerwillig quiekend zogen. Auf ihren rosa Rücken wuchsen Engelsflügel aus Schokoladen-Silberpapier, die mit knisterndem Geräusch die Luft durchwirbelten.

Das kleinste von ihnen zerrte an seinem Geschirr und wollte ausbrechen, doch der Tierfänger trieb es erbarmungslos zurück in die Reihe. Anklagend hob es seine linke Vorderklaue und schrieb mit krakeliger Kondensstreifen-Schrift die Namen der gesuchten Katzen in den azurblauen Himmel. An seinen hellen Wimpern hingen für einen Moment dicke

Ferkeltränen, bevor sie in dicken Tropfen auf die Erde fielen.

»Wo haben Sie die Katzen versteckt?? Parieren Sie die Schweine durch und lassen Sie uns sofort zurück auf die Erde!«, schrie Marie.

Aber der Tierfänger lachte nur fies und ließ die Schweine abermals die Peitsche spüren, sodass sie sich in ihrem silbernen Geschirr klirrend und quiekend aufbäumten. Auf seinem Schoß saß höchst zufrieden Paulchen, seine langen Dackelohren flatterten knatternd im Wind.

»Nein, Paulchen, du darfst ihn nicht fressen, du wirst sterben!«, schrie Marie, aber er schien sie gar nicht zu hören.

Unvermittelt verlor der Wagen an Höhe. In einer gewagten Linkskurve flogen sie jetzt über Nicolas' Hof und die Schweine hatten mit ihren dicken Bäuchen große Schwierigkeiten, Kurs zu halten. Der Schweinezüchter kämpfte verzweifelt gegen einen riesigen Berg Schokoladen-Krümel und auf seiner Stirn glänzten murmelgroße Schweißperlen. Vor dem Schoko-Gebirge saß Stracciatella und verdeckte sich mit der rechten Pfote angestrengt die Augen in der Hoffnung, auf diese Weise der süßen Versuchung widerstehen zu können.

Schrapp, schrapp, schrapp – mithilfe seines Besens versuchte Nicolas Gündner, der braunen Schoko-Masse Herr zu werden, die aus einem wolkenkratzerhohen Futtersilo auf seinen Hof rieselte. Aber je länger er kehrte, desto größer wurde der Berg.

»Es ist zu viel. Es hört nicht auf. Ich schaff das nicht mehr, Marie!«, rief er ihr müde zu.

Sie wollte etwas erwidern, aber sie waren schon weitergeflogen.

»Wir stürzen ab, halten Sie an! Wir stürzen ab und der Wagen zerspringt in tausend Stücke!«, schrie Marie den Tierfänger an.

Panische Angst saß ihr wie ein wildes Ungeheuer im Nacken. Aber er hörte nicht auf sie.

Auf einmal spürte sie eine warme Hand, die sanft an ihrer Schulter rüttelte, und sie meinte, in der Ferne Markus' Stimme zu hören: »Marie, wach auf, Marie!«

Dann sah sie in Markus' besorgtes Gesicht. »Ein Albtraum. Marie, es ist alles gut, du hast nur schlecht geträumt.«

Marie rieb sich verstört die Augen und setzte sich schlaftrunken auf. Stracciatella leckte ihr beruhigend über das Gesicht und es dauerte eine Weile, bis sie wieder zurück in der Wirklichkeit war. In einer Wirklichkeit, die auch ein wenig einem Albtraum glich – in der ein Tierfänger umging und Katzen stahl.

Als sie wenig später tatsächlich durch das Fenster des Bauwagens spähte, verschleierte der Albtraum immer noch ihre Gedanken wie ein zäher Morgennebel. Wieder kamen ihr Minka und Leo vor Augen, die auf dem Tisch mit den Gänsen Walzer tanzten.

Was für einen Unsinn man manchmal träumt, dachte sie und schüttelte die verrückten Bilder der vergangenen Nacht ab.

Mit einer Hand beschirmte sie ihre Augen, um im dunklen Innern des Wagens irgendetwas zu erkennen.

Maike schob hinter einem schlappohrigen Rhododendron geduldig Wache, Markus stand mit dem Rücken an den Wagen gelehnt und stützte Marie mit einer Räuberleiter.

Die erhaschte tatsächlich einen Blick auf den bedrohlich zugewachsenen Küchentisch. Aber da waren keine Minka, kein Leo und schon gar keine Gänse. Stattdessen machten sich leere Bierdosen, aufgerissene Chipstüten und zerknüllte Zigarettenschachteln den dreckigen Platz streitig. Dazwischen trauerte eine einzelne Rose in einem fleckigen Wasserglas.

Wozu um alles in der Welt braucht ein Mensch, der anderer Leute Tiere stiehlt, eine Rose?, dachte Marie. Sie konnte sich nicht vorstellen, dass jemand, der so Hässliches tat, Gefallen an schönen Dingen wie Blumen finden konnte.

An dem Tisch langweilte sich ein weiß lackierter Stuhl, sie erkannte ein zerwühltes Bett und die Kochnische, die Nicolas ihnen beschrieben hatte. Aber von den Katzen fehlte jede Spur.

Enttäuscht wollte Marie Markus ein Zeichen geben, sie wieder runterzulassen, da entdeckte sie hinter dem Tisch an eine Wand gelehnt einen großen weißen Sack. Obwohl sie durch die schmierige Scheibe das blau-rote Etikett darauf nicht lesen konnte, erkannte sie an dessen Farben sofort, was darin war.

»Nur Katzenfutter, sonst konnte ich leider nichts entdecken!«, berichtete Marie, als sie wenig später wieder festen Boden unter den Füßen hatte.

»Immerhin ein Beweis«, meinte Markus und wischte sich die Hände an seiner Hose ab. »Das heißt, er hat die Katzen irgendwo versteckt und füttert sie, bis er sie fortbringen kann. Gut gemacht, Marie. Lasst uns nach weiteren Spuren suchen.«

Seinem Vorschlag folgend umrundete Stracciatella konzentriert schnüffelnd den Bauwagen, hob verächtlich sein Beinchen, bis ihn sein witterndes Näschen schließlich zum alten Heuschuppen führte. Mit aufgeregtem Bellen bedeutete er den Kindern, ihm zu folgen.

»Leise, Stracciatella, hör auf zu kläffen. Nicolas muss nicht erfahren, dass wir hier auf seinem Gelände rumschnüffeln«, ermahnte Marie ihren Hund.

Der hielt artig sein Schnäuzchen und setzte sich zufrieden vor die Schuppentür, als er merkte, dass sie ihm folgten.

Gekrümmt und bucklig kämpfte der Heuschuppen erfolglos gegen den Zahn der Zeit. Er wirkte morsch, so als könnte ihn der nächste Windstoß sofort umpusten. Marie wunderte sich, dass es ihm überhaupt noch gelang, der Witterung standzuhalten. Zu gern hätten die drei einen Blick hineingeworfen, aber die fensterlose Hütte war mit einem massiven Vorhängeschloss fest verriegelt.

»Jetzt schaut euch das an!«, sagte Markus und deutete auf das Schloss, das nagelneu in der Sonne glänzte. »Wenn das mal kein weiterer Beweis ist!

Warum sollte ausgerechnet Nicolas, der nicht mal nachts seinen Schweinestall verschließt, den alten wertlosen Schuppen verriegeln, wo es doch hier garantiert nichts zu holen gibt!? Nie und nimmer hat er das Schloss angebracht. Ein anderer war das: der Tierfänger! Ich vermute, dass er hier die Katzen versteckt!«

Stracciatella kratzte aufgebracht an der Schuppenwand wenige Meter neben der Tür. Marie bückte sich und schob ihren wild scharrenden Hund sanft zur Seite, um sich die Stelle genauer anzusehen. Aber außer einem faustgroßen Loch in der morschen Wand konnte sie nichts entdecken. Marie dachte eine Weile nach, dann stand sie wieder auf.

»Was, wenn Milva sich die Verletzungen selbst zugezogen hat?«, fragte sie ihre Freunde.

Markus und Maike sahen sich an, als hätte Marie einen ordentlichen Gewölbeschaden.

Doch sie ließ sich nicht beirren und fuhr fort: »Das Loch dort, was meint ihr, würde da eine Katze durchpassen?«, fragte sie und deutete auf die enge Öffnung.

Maike überlegte. »Durch diese winzige Lücke? Nein, nie im Leben!«

»Richtig − eine normalgroße Katze wie Minka

oder Leo auf gar keinen Fall. Eine ganz winzig kleine Katze könnte es jedoch mit viel Mühe und einigen Schrammen schaffen, oder?«, gab Marie zu bedenken und bückte sich abermals. Mit den Fingern fuhr sie vorsichtig an dem rissigen Holz der Öffnung entlang. Dann stand sie wieder auf und hielt ihren Freunden die Finger vor die Nasen. Die mussten schon ganz genau hinschauen, bis sie erkannten, was Marie ihnen zeigen wollte. Es waren Katzenhaare. Rote Katzenhaare.

12. Milva soll helfen

»Ein Sack Katzenfutter, ein niegelnagelneues Vorhängeschloss, ein paar rote Katzenhaare – mit solch dünnen Beweisen wird sich dein Vater nie im Leben zufriedengeben! Wir brauchen etwas Handfestes, das wir ihm vorlegen können, damit er die Katzen befreit«, erklärte Marie Markus, als sie die wuchtige Stalltür aufdrückte.

Bis auf das schwarze Springpferd mit dem verletzten Bein und einen Esel mit einer Geschwulst am linken Auge, der heute noch von Dr. Werber operiert werden sollte, waren alle stationären Stallpatienten auf den Koppeln. Steffen Huber hatte sie bei dem schönen Wetter auf die Weiden gebracht und nutzte die Gelegenheit, einen Zaun zu reparieren, den das letzte Unwetter schwer ramponiert hatte.

243

Der Rappe wieherte freudig, als sie an seine Box traten, und untersuchte Maike mit seiner fordernden samtweichen Oberlippe ausgiebig nach Karotten.

»Wer weiß, wann der Tierfänger genug Katzen entführt hat und sich mit ihnen aus dem Staub macht! Wir müssen dringend etwas unternehmen! Wenn ich nur wüsste, was?!«, seufzte sie nervös und streichelte dem Rappen über seine seidige Mähne.

»Mach dir keine Sorgen. Ich hab einen Plan!«, erwiderte Marie und schaute sich suchend um. »Dafür brauchen wir dringend Milva. Los, helft mir bitte, sie aufzustöbern. Keine Ahnung, wo sich das rote Teufelchen schon wieder rumtreibt. Normalerweise lungert sie am liebsten in Steffens Nähe oder hier im Stall rum.«

Stracciatella zuckte bei Milvas Namen zusammen, machte sich aber, wenn auch widerstrebend, mit auf die Suche.

»Wieso Milva, was hast du vor?«, fragte Markus und öffnete eine leere Box, um einen suchenden Blick hineinzuwerfen.

»Sie ist unser Lockvogel«, erklärte Marie. »Wir

lenken mit ihr den Tierfänger an der Tür ab, damit Stracciatella unbemerkt im Bauwagen nach Beweisen suchen kann. Stracciatella, das schaffst du doch, oder?«, fragte Marie und streichelte ihm aufmunternd über den Kopf.

Sie meinte, es ihrem kleinen Freund anzusehen, wie stolz er über die verantwortungsvolle Aufgabe war, die ihm aufgetragen wurde. Mit geschwellter Brust stolzierte er durch die Stallgasse, um jetzt hochmotiviert nach dem roten Kätzchen zu suchen. Wie ein kleiner haariger Sherlock Holmes auf vier Pfoten inspizierte er das frisch eingestreute Stroh einer leeren Box. Laut schnaubend robbte er auf seinem Bauch, Bahn für Bahn durch die getrockneten Halme. Staubwölkchen schaukelten auf ihrem Weg zur Decke sanft durchs Nachmittagslicht und zwangen Stracciatella zu einem Niesen. Doch seine Maulwurfaktion blieb ohne Ergebnis. Also streckte er schnüffelnd seine Nase in einen Haufen Gras, den Steffen für die abendliche Fütterung auf der Stallgasse aufgetürmt hatte.

Marie bemerkte noch den veränderten Gesichtsausdruck ihres Hundes, aber da war es schon zu spät. Blitzschnell schoss eine kleine rote Pfote aus dem saftigen Grün und zog ihm abermals eins über die Nase.

Stracciatella jaulte wütend auf. Statt sich zu wehren, schmiegte er sich jedoch wieder nur Hilfe suchend zwischen Maries Beine und beschwerte sich knurrend über den hinterhältigen Angriff.

»Milva, du bist unmöglich!«, schimpfte Marie und zog Steffens angriffslustigen Liebling aus seinem grünen Versteck.

Milva gab sich völlig unbeeindruckt, schaute sie unschuldig aus ihren runden Bernsteinaugen an, als könnte sie kein Wässerchen trüben, und schnurrte zufrieden.

»Stracciatella, ich fürchte, die Kleine hier hat dich im Griff. Wenn du ihr nicht bald Paroli bietest, wird sie dir im wahrsten Sinne des Wortes immer auf der Nase rumtanzen«, sagte Marie und streichelte ihm tröstend über den vor Schreck zitternden Körper. »Komm, kleiner Stracciatella Holmes, es ist nur ein kleiner Kratzer, der heilt schnell wieder. Beruhige dich. Wir brauchen dich jetzt!«

Die Sonne schlug ihr Nachtlager hinter den Bäumen auf und man spürte bereits, dass der Sommer bald dem Herbst würde weichen müssen. Aber es lag nicht an der aufkommenden Abendkühle, dass es Marie fröstelte, als Markus entschlossen an die

Tür des Bauwagens klopfte. Mit zittrigen Fingern umklammerte sie die Katzenbox, in der Milva fauchend und maunzend ihren Unmut über ihr Eingesperrtsein kundtat.

Würde ihr Plan aufgehen?

Die drei sahen, wie die Silhouette eines Mannes größer wurde, unkenntlich verzerrt durch den geriffelten Glaseinsatz in der Tür.

»Ja bitte?«, ertönte eine erstaunlich hohe Stimme und ein kahler Kopf schob sich vorsichtig durch den schmalen Türspalt, sodass die drei nicht in das Innere des Wagens blicken konnten.

Der nackte Schädel war von der Sonne gerötet und voller Sommersprossen, die aussahen wie Fettflecken. Kleine Augen mit schlaffen Tränensäcken, die dem Tierfänger den treudoofen Blick eines Dackels verliehen, musterten sie fragend. Eine wippende Zigarette zwischen den Lippen wiederholte er seine Frage jetzt deutlich unfreundlicher: »Ja bitte? Was wollt ihr?«

Marie zwang sich ein Lächeln auf ihr Gesicht und hielt ihm den Katzenkorb unter die Nase. »Entschuldigen Sie bitte die Störung. Wir wollten Sie nur fragen, ob das vielleicht Ihre Katze ist. Sie ist uns zugelaufen und wir suchen ihren Besitzer.«

247

Ein kleines Lächeln blitzte über sein Gesicht wie ein von einem Sonnenstrahl getroffener Taschenspiegel und seine Stimme wurde augenblicklich weicher. »Wen haben wir denn da, ja so eine Erleichterung, meine Putzi!«, säuselte der Tierfänger und seine Dackelaugen umkreisten Milva wie eine Stubenfliege.

Konzentriert starrte er auf seine vermeintliche Beute und bemerkte gar nicht, dass der weißgrau gekrümmte Asche-Wurm von seiner Zigarette fiel, auf seinem fleckigen T-Shirt zerplatzte und ein kleiner schwarz-weiß getupfter Hund an ihm vorbei auf leisen Pfoten in den Wagen schlich. Rauch stieg kräuselnd von der wippenden Zigarette auf und zog über sein speckiges Gesicht, sodass er die Augen schließen und sich mit einer Hand über die tränenden Schlitze reiben musste.

»Meine süße Kleine, ich habe sie schon überall gesucht. Ich kann euch gar nicht sagen, wie dankbar ich euch bin, dass ich sie wiederhabe!«, heuchelte er und versuchte, den Kindern seine Rauchtränen als Freudentränen zu verkaufen.

Marie wurde von seinem scheinheiligen Schauspiel fast schlecht und sie hatte Mühe, ihr falsches Lächeln zu bewahren. Es hing gerade noch in einem Mundwinkel.

Was für ein mieser Lügner! Wie ich ihn verabscheue, dachte sie.

Aber es half nichts, sie mussten den hinterlistigen Tierfänger noch eine Weile ablenken. So lange, bis Stracciatella – hoffentlich wieder unbemerkt – aus dem Wagen schleichen würde.

»Sie glauben gar nicht, wie uns das freut, dass wir Ihnen helfen konnten!«, sprang ihr Markus zur Seite. »Haben Sie eine Ahnung, warum sie weggelaufen ist?«

Der Tierfänger funkelte ihn wegen dieser unnötigen Verzögerung wütend mit seinen Dackelaugen an. Ihm war deutlich anzusehen, dass für ihn das Gespräch hier eigentlich beendet war.

Aber zu ihrer Erleichterung nahm sich der Tierfänger zusammen und antwortete ihnen. »Wenn ich das wüsste! Normalerweise lebt sie mit mir im Bauwagen. Raus ins Freie will sie nie. Sie ist ein richtiger verschmuster, kleiner Stubenhocker. Nicht wahr, meine Süße?«, flötete er ihr zu. »Sie muss über irgendetwas fürchterlich erschrocken sein. Dann ist sie unbemerkt durch die Tür entwischt und hat in der fremden Umgebung nicht mehr zurückgefunden.«

Marie und Maike warfen sich einen vielsagenden

Blick zu und jede wusste, was die andere gerade dachte: Der Typ log, dass sich die Balken bogen!

So ein verdammter Heuchler, dachte Marie. Das Energiebündel Milva war nun wirklich alles andere als ein verschmuster Stubenhocker. Und hätte sie wirklich bei ihm im Wagen gelebt, hätte Marie beim Blick in den Wagen eine Katzentoilette entdecken müssen.

Marie war heilfroh, dass Markus sie jetzt heimlich hinter Maikes Rücken antippte und mit dem Kinn kaum merklich Richtung Rhododendron zeigte. Hinter dessen ausladenden Schlappohrblättern verbarg sich Stracciatella. Marie hatte Schwierigkeiten, ihn hinter seiner grünen Tarnung auszumachen, aber eines konnte sie erkennen: Ihr Hund trug irgendetwas in seinem Schnäuzchen.

Marie fiel erleichtert eine ganze Wagenladung Kies vom Herzen: Ihr Plan hatte funktioniert und Stracciatella war gesund und munter aus dem Bauwagen zurückgekommen.

»Ja, wir sind wirklich sehr froh, Ihnen geholfen zu haben, und wir wollen auch gar nicht weiter stören. Ich lasse die Katze vorsichtshalber erst noch von meinem Vater untersuchen. Nur um sicherzugehen, dass ihr auch nichts fehlt. Dann bringen wir sie Ihnen sofort wieder«, sagte sie rasch und wollte eilig auf dem Absatz kehrtmachen.

Aber dann geschah etwas, das sie in ihrem Plan nicht berücksichtigt hatte. Blitzschnell griff der Tierfänger nach der Katzenbox und noch ehe Marie sichs versah, riss er die Box brutal aus ihren Armen.

»Hab ich dich, Mieze! Du entkommst mir nicht noch mal. Ihr könnt gern wieder gehen, aber meine geliebte Putzi bleibt hier! Sie ist kerngesund und muss nicht untersucht werden«, polterte er los.

Er zog Milva so grob aus der Box, dass sie wild fauchte, warf den Kindern die Transportkiste vor die Füße, die Tür fiel krachend ins Schloss und der Tierfänger und Milva waren verschwunden.

Marie war vor Schreck wie versteinert. In ihrem Kopf fühlte sich alles eisig und taub an, das Blut hämmerte ihr in den Ohren. Verzweifelt trommelten die drei Freunde mit ihren Fäusten an die Tür des Bauwagens, bis sie schmerzten. Sie schrien, er möge die Katze wieder hergeben, sie bettelten und schmeichelten. Aber es half alles nichts. Im Innern des Wagens blieb es still.

13. Helden des Tages

»Was habt ihr mit Milva getan?! Ihr macht Scherze!« Steffen Huber starrte entsetzt abwechselnd Marie, Maike und Markus an, als hoffte er, einer von ihnen würde lachend »April, April!« rufen.

Da die Kinder aber schuldbewusst schwiegen, öffnete er den Mund und rang fassungslos nach Worten. »Das ... das ist nicht euer Ernst?«

Eine steife Falte bildete sich zwischen seinen Augenbrauen. Der Schreck schien ihn so mitzunehmen, dass er sich auf die Treppe vor Dr. Werbers Haus setzen musste. Sein Schlüssel, mit dem er seine kleine Wohnung neben der Praxis aufschließen wollte, um zu Bett zu gehen, fiel ihm scheppernd aus der Hand. Stumm starrte er in die Dunkelheit.

Kalt war es geworden. Schmal stand der Mond über der Tierklinik. Nebelschwaden verschleierten

Gebäude und Bäume und ließen ihre Umrisse gespenstisch erscheinen.

Stracciatella blickte Steffen traurig aus seinen tollkirschschwarzen Augen an, legte versöhnlich eine Pfote auf dessen linken Oberschenkel und gab einen bedauernden Laut von sich. Aber Steffen bemerkte ihn in seinem Kummer gar nicht.

Kreuzunglücklich und mit hochrotem Kopf nestelte Marie am Saum ihrer Jeansjacke herum.

»Es tut uns so leid. Wir haben Milva doch nur als Lockvogel mitgenommen, weil uns keiner geglaubt hat. Weil wir Beweise brauchten, damit Markus' Vater endlich etwas unternimmt«, sagte sie kleinlaut. »Und Stracciatella hat ja auch etwas gefunden!«

Vorsichtig hielt sie Steffen einen grünen Lederstreifen mit silbernen Sternchen hin: Minkas Halsband! Aber Steffen saß nur da, starrte auf seine dreckigen Stiefelspitzen und sagte nichts. Schon bereute Marie, ihm die ganze Geschichte erzählt zu haben. Aber sie hatte ihm doch erklären müssen, wo seine geliebte Milva war. Und sie hatte so gehofft, er würde ihnen jetzt helfen, die Katzen zu befreien.

Nach quälenden Minuten des Schweigens stand Steffen schließlich auf. Er hob seinen Schlüssel vom

253

Boden auf, sah die Kinder seltsam teilnahmslos an, so als schaute er durch sie hindurch. Dann drückte er den Griff der Haustür herunter.

»Ich gehe jetzt da rein und versuche, Dr. Werber zu überreden, mit uns und Heiner Roth auf Nicolas' Hof zu fahren. Ihr wartet hier. Aber gnade euch Gott, wenn wir weder Milva noch eine andere Katze finden sollten.«

Krachend ließ er die Tür ins Schloss fallen. Marie konnte sich nicht erinnern, ihren sanftmütigen Steffen jemals so wütend und aufgewühlt erlebt zu haben. Milvas Verlust nahm ihn mehr mit, als sie geahnt hatte.

Das habe ich doch nicht gewollt, dachte sie verzweifelt.

Die Minuten krochen dahin wie altersschwache Schnecken und die drei Freunde tigerten unruhig vor der Tür auf und ab. Jedes Mal, wenn sie im Haus einen Laut hörten, ein Licht an oder aus ging, zuckten sie zusammen, in der Hoffnung, Steffen würde mit einer guten Nachricht herauskommen.

Was, wenn Huber Paps nicht überreden konnte? Was, wenn der Tierfänger schon längst über alle Berge war?! Marie wurde ganz schwindlig vor Sorge.

Endlich erlosch das Licht im Wohnzimmer, sie hörten eilige Schritte im Flur und die Haustür öffnete sich. Steffen würdigte die Kinder keines Blickes, als er an ihnen vorbeieilte, und Maries Herz kam für einen Moment ins Stolpern. Dr. Werber schlüpfte im Vorbeilaufen in seine Jacke und bedeutete den Kindern, Steffen in den Geländewagen zu folgen.

»Milva einer solchen Gefahr auszusetzen, war wirklich keine gute Idee. Aber jetzt steigt schnell ein! Heiner Roth ist schon auf dem Weg zu Nicolas Gündners Hof.«

Hoffnungsvoll schauten sich die drei an. Endlich glaubten sie ihnen! Wenn es nur nicht schon zu spät war!

Die ganze Fahrt über sagte keiner ein Wort. Um Spannung und Stille zu ertragen, hielten sich die Kinder fest an den Händen. Steffen starrte mit unbewegter Miene in die neblige Nacht. Selbst von Stracciatella hörte man keinen Mucks.

Als sie auf Nicolas' Hof fuhren, parkte Heiner Roths Polizeiwagen bereits vor dem Stall. Der Schweinebauer und seine Frau standen in ihrer Haustür, und Heiner Roth und sein Hilfspolizist Michael

Friedrich redeten mit ihnen. Wie ein gelber Teppich fiel das Flurlicht auf den dunklen Hof und Marie erkannte erleichtert, dass der Bauwagen noch da war.

»Meine Güte, ein Tierfänger! Ausgerechnet auf meinem Hof! Das konnte ich doch nicht ahnen!«, hörten sie Nicolas aufgewühlt sagen, als sie näher kamen.

»Ja, in Menschen kann man sich irren«, bestätigte Heiner Roth. »Die Kinder behaupten felsenfest, dass er die Katzen in Ihrem Heuschuppen versteckt. Kommen Sie, Nicolas, lassen Sie uns nachsehen, solange der Kerl noch nicht zurück ist.«

Nicolas Gündner bat seine Frau, im Haus auf ihn zu warten, und folgte den Männern. Die Lichtkegel ihrer Taschenlampen bohrten sich in das neblige Schwarz, huschten über den dunklen Asphalt, bis sie schließlich auf dem Vorhängeschloss der Schuppentür ruhten.

»Können Sie uns das bitte aufschließen!«, bat Michael Friedrich den Schweinebauern, aber der zuckte nur mit den Schultern.

»Tut mir leid. Keine Ahnung, wo das Schloss herkommt, mir gehört es jedenfalls nicht! Den alten Schuppen werde ich bald abreißen, ich schließe ihn doch nicht ab«, antwortete er.

256

Markus warf den Mädchen einen triumphierenden Blick zu.

»Kein Problem, das haben wir gleich, ich hole den Bolzenschneider!«, sagte Michael Friedrich und eilte zurück zum Wagen.

Während die Freunde unruhig vor dem Heuschuppen auf ihn warteten, in großer Angst, der Tierfänger könnte jeden Moment auftauchen, fiel Markus plötzlich etwas auf: Der Bauwagen stand anders als am Nachmittag. Mit der Deichsel Richtung Hof – abfahrbereit.

»Hab ich's mir doch gedacht!«, flüsterte Markus den Mädchen ins Ohr. »Der Tierfänger will abhauen! Er hat den Bauwagen schon gewendet, damit er sich schnell vom Acker machen kann. Wir kommen gerade noch rechtzeitig.«

Mit einem knackenden Geräusch ergab sich das Schloss der Kraft des Bolzenschneiders und Markus' Vater stieß die Tür auf. Modriger Geruch von verfaultem Stroh, Staub und Schimmel schlug ihnen entgegen. Suchend tanzten die Lichtkegel über eine altersschwache Kutsche, ein verrostetes Fahrrad und abgenutzte Schweinetröge.

Die Kinder spürten, dass nackte Panik in ihnen aufstieg. Es war einer dieser Momente, wie sie in den fürchterlichsten Albträumen vorkamen. Was sie sahen, konnte nicht wahr sein. Sie waren sich doch so sicher gewesen! Aber es bestand kein Zweifel: Der alte Schuppen beherbergte keine Katzen! Keine Milva, keine Minka, kein Leo.

Nichts!

Wortlos drehte sich Steffen um, ging zurück in die Nacht; die anderen folgten ihm und Marie meinte Tränen in seinen Augenwinkeln zu erkennen.

»Mensch, Kinder, da habt ihr uns in eine verdammt peinliche Situation gebracht!«, sagte Dr. Werber und warf den beiden Beamten einen entschuldigenden Blick zu. »Ich weiß nicht, wie ...«, redete er weiter, aber seine Worte wurden von Motorengeräusch verschluckt. Der Pick-up fuhr rückwärts an den Bauwagen heran, sein Motor erstarb und der Tierfänger stieg aus. Jetzt war alles aus!

»Einen wunderschönen guten Abend allerseits! Was ist denn hier los?«, fragte der Glatzkopf scheinheilig ahnungslos.

»Gar nichts, wir haben nur etwas überprüft«, versuchte Heiner Roth die nächtliche Versammlung herunterzuspielen.

»Es tut mir unendlich leid, dass ich Ihnen bei Ihrer Suche – nach was auch immer – nicht behilflich sein kann«, sagte der Tierfänger übertrieben mitfühlend. »Ich muss leider sofort abreisen. Ein tragischer Todesfall in meiner Familie.«

Er begann hektisch, den Bauwagen an seinen Pick-up anzukoppeln.

»Aber er ist der Katzenfänger, Sie müssen ihn festhalten!«, flüsterte Marie Heiner Roth aufgeregt zu.

»Es tut mir leid, Marie, wir haben nichts gegen ihn in der Hand. Wir haben keine Katzen gefunden und darum muss ich ihn laufen lassen!«, meinte Heiner Roth.

Kraftlos lehnte sich Marie an die Schuppenwand. Um sie herum registrierte sie plötzlich nur noch das Dunkel der Nacht und den Windhauch in den Bäumen. Die Angst um die Katzen und das Gefühl, ihnen nicht rechtzeitig geholfen zu haben, lastete schwer auf ihr, wie eine dieser Blei-Matten, mit denen sie einen beim Röntgen immer abdecken. Ganz vorsichtig umschloss Stracciatella mit seinem feuchten Hundemäulchen Maries rechte Hand und zog sie sanft, aber fordernd in den Schuppen.

Diesmal gehe ich mit ihm, dachte Marie. Stracciatella wollte mir schon einmal etwas zeigen. Hätte ich ihm damals vertraut, wäre das alles hier nie passiert!

Die Männer diskutierten angeregt. Keiner von ihnen merkte, dass die Kinder Maries Hund folgten. Bei der alten Kutsche blieb er stehen und begann wild zu scharren. »Da ist irgendetwas«, sagte Marie. »Lasst uns die Kutsche zur Seite schieben!«

Die Kinder ächzten unter dem Gewicht, Schweiß bildete sich auf ihrer Stirn, aber irgendwann gab das hölzerne Monstrum nach und ruckelte ein Stück zur Seite. Stracciatella kratzte wie verrückt, altes Stroh flog in Büscheln durch den Schuppen und dann sahen sie es: Unter Kutsche und Stroh verbarg sich eine Luke!

Knarzend ließ sie sich öffnen und Markus leuchtete mit der Taschenlampe in ein schwarzes Loch. Der Lichtschein traf auf etwas, das ihn vielfach reflektierte. Es waren Augenpaare. Katzenaugenpaare! Sie hatten die Tiere gefunden!

Die Wörter verhedderten sich vor Aufregung in Maries Kopf und Mund, während sie aus dem Schuppen rannte. »Gefunden, Luke, Katzen, wir haben sie!«

Doch als sie auf den Hof kam, saß der Tierfänger bereits am Steuer, winkte den unschlüssig dastehenden Männern zu und startete den Wagen.

»Haltet ihn!«, schrie Marie noch, aber ihre Worte gingen im Motorengeräusch unter.

Bis die Männer begriffen hatten, was Marie ihnen zurief, war es zu spät. Der Pick-up hatte sich bereits in Bewegung gesetzt und rollte über den Hof. Der Tierfänger floh. Entkam seiner gerechten Strafe. Die Kinder waren fassungslos. Doch da sprang wie aus dem Nichts eine Gestalt vor die Kühlerhaube des Wagens und zwang den Tierfänger mit wild fuchtelnden Armen anzuhalten. Der trat erschrocken auf die Bremse, die Gestalt nutzte den Moment, riss die Fahrertür auf, zerrte ihn von seinem Sitz und schlug wie mit einem Teppichklopfer auf ihn ein, dass ihm Hören und Sehen verging.

»Mein Mohrle! Du wolltest meinen Mohrle entführen! Du gemeiner Hund machst dich hier nicht einfach aus dem Staub!«, schrie Nicolas Gündners Frau außer sich.

Ihr Teppichklopfer sauste klatschend auf die Glatze des Tierfängers, der nicht wusste, wie ihm geschah, und die Männer eilten der aufgebrachten Frau schnell zu Hilfe.

Die Sonne strahlte auf den Hof der Tierklinik, als dürfte auch sie heute eine vermisste Katze wieder in die Arme schließen. Dankbarkeit, Wiedersehensfreude und pures Glück lagen in der Luft. Freudentränen flossen wie Champagner und Menschen, die sich bis vor wenigen Minuten noch nie im Leben gesehen hatten, lagen sich lachend und weinend in den Armen.

Die dicke Kiosk-Frau scherzte mit Uta Prehn, Gündners lobten die Schönheit von Gerolds Annabelle, Maries Mathematiklehrerin trank mit Chocos Besitzern und Maikes Eltern Wein. Alle waren sie gekommen und saßen selig mit ihren unversehrten Lieblingen auf den Strohballen, die Marie und Maike vor den Biertischen platziert hatten. Dr. Werber und die Polizisten wendeten Würstchen am Grill, Steffen sorgte für Getränke und Maries Mutter hatte Salate gemacht. Marie konnte sich nicht erinnern, schon mal ein Fest erlebt zu haben, bei dem alle so ausgelassen und überglücklich waren.

Ein Zeitungsartikel der örtlichen Presse mit der Überschrift *Drei Kinder und ein Hund überführen Katzenfänger* machte die Runde. Hände klopften den kleinen Helden anerkennend auf die Schultern, streichelten ihnen dankbar durch Haare und Fell.

Und die vier genossen es in vollen Zügen. Vergessen waren Ärger, Sorge und Misstrauen. Selbst Steffen hatte ihnen längst verziehen und stopfte seine Katze mit Würstchen voll.

Dr. Werber machte sich ein wenig Vorwürfe, dass er Marie nicht früher geglaubt hatte. Und es lag wohl auch ein bisschen an seinem schlechten Gewissen, dass er Maries Bitte, Steffen Milva zu überlassen, nicht ausgeschlagen hatte.

»Jetzt also auch noch eine Katze. Wenn wir so weitermachen, haben wir hier nicht nur eine Tierklinik, sondern bald auch noch einen ganzen Zoo!«, hatte er lachend gemeint und seine Tochter stolz in die Arme genommen.

»Kinder, wenn ihr erwachsen seid, stell ich euch bei mir an!«, scherzte ein gut gelaunter Heiner Roth und legte den kleinen Spürnasen herrlich duftende Würstchen auf die Teller. »Wegen Diebstahl drohen dem Tierfänger bis zu fünf Jahre Haft! Ich muss zugeben, ohne euch wären wir dem Kerl nicht auf die Schliche gekommen.«

Nicolas' Frau nickte zustimmend, drückte liebevoll Mohrle an die Brust und stieß ihrem Mann dann sanft den Ellenbogen in die Rippen. »Los, sag es ihnen endlich!«

Nicolas setzte sein Weinglas ab und räusperte sich feierlich: »Meine Franzi und ich sind euch Kindern sehr dankbar dafür, dass wir unser Mohrle wiederhaben. Deshalb haben wir beschlossen, dass Schweinchen, wenn es groß ist, zu einem befreundeten Hobbyzüchter kommen wird, wo es zusammen mit Artgenossen ein saugutes Leben genießen darf.«

Marie fiel den beiden dankbar um den Hals und staunte, wie viel Glück doch in einen einzigen Sommertag passte. Aus den Augenwinkeln bemerkte sie Stracciatella, der zielstrebig auf Milva zusteuerte, die neben Steffen auf einem Strohballen thronte. Marie ahnte, was kommen würde, und wagte kaum hinzusehen. Aber noch ehe Milva den Hund bemerkte, hatte er sie mit einem ordentlichen Nasenstüber von ihrer erhöhten Warte geschubst. Zärtlich schmiegte er sich nun an Marie und sah sie stolz aus seinen schwarzen Tollkirschaugen an. Und da war es wieder – dieses kleine verschmitzte Hundelächeln.

Tiersteckbrief:
DIE HAUSKATZE

Wissenschaftlicher Name: Felis silvestris catus

Klasse: Säugetiere

Familie: Katzen (Felidae)

Größe: durchschnittlich 50 cm lang, die Länge des Schwanzes beträgt ca. 25-30 cm

Besondere Merkmale: schmale dunkle Querstreifen an den Seiten. Die Hauskatze gibt es in einer Vielzahl von Fellfarben.

Heimisch in: Hauskatzen gibt es weltweit in allen von Menschen bewohnten Gebieten.

Lebensraum: Hauskatzen leben meist als Haustiere bei Menschen. Wild überleben sie nur in warmen Gebieten.

Nahrung: Fleisch

Jungtiere: Eine Katze kann bis zu sieben Jungtiere, kleine Kätzchen, bekommen.

Lebenserwartung: 12 - 15 Jahre (unter menschlicher Pflege)

© Wolfgang Harder / Picspack

Lilli, die Pferdeflüsterin

Lilli lernt reiten! Sie kann gar nicht genug davon bekommen. Doch Lilli merkt schnell, dass die Besitzerinnen des Reiterhofs Geldsorgen haben. Außerdem ist das Springpferd Storm eigenartig feindselig und nervös. Für den Hof ist jede Hoffnung dahin, wenn Storm keine Turniere mehr gewinnt. Zum Glück kann Lilli das verzweifelte Wiehern des Hengstes verstehen! Kann sie dem Pferd helfen, wieder Freude am Springen zu finden?

Im fünften Band der beliebten Bestsellerreihe beweist Liliane Susewind, dass sie wirklich eine Freundin zum Pferdestehlen ist.

Jeder Band eine abgeschlossene Geschichte.

Tanya Stewner
**Liliane Susewind –
So springt man nicht
mit Pferden um**
Mit Bildern von
Eva Schöffmann-Davidov
Band 80912

Fischer Schatzinsel

Neues Zuhause für Panda-Baby dringend gesucht!

Im Tierpark der Nachbarstadt wurde ein Panda-Baby von seiner Mutter verstoßen. Gut, dass Lilli mit Tieren sprechen kann! So versteht sie sofort, dass der kleine Bär ohne Ersatzmama nicht überleben wird. Kurzerhand entführt sie ihn, um zusammen mit den Tieren im Zoo ihrer Stadt eine Lösung zu suchen. Glücklicherweise nimmt die einsame Kängurudame Kylie das Bärenkind in ihren Beutel auf. Doch das Adoptionsglück wird bald getrübt: Wenn Kylie durch ihr Gehege hüpft, wird dem Panda im Beutel schlecht ... Was kann Lilli nur tun?

Tanya Stewner
Liliane Susewind –
Ein Panda ist kein Känguru
Mit Bildern von
Eva Schöffmann-Davidov
240 Seiten, gebunden

Fischer Schatzinsel

Elfenmut tut gut!

Als Pippa die Puppe Emilia geschenkt bekommt, ahnt sie nicht, dass diese ihr Leben gehörig auf den Kopf stellen wird. Denn Emilia ist eine Elfe mit Mut für drei. Und Mut kann Pippa gut gebrauchen, denn um die Katze Zimtundzucker zu retten, stürzt sie sich mit Emilia Hals über Kopf in ein großes Abenteuer …

Barbara van den Speulhof
Pippa, die Elfe Emilia und die Katze Zimtundzucker
Mit Bildern von Regina Kehn
215 Seiten, gebunden

Fischer Schatzinsel